张恒 编著

别着急，任何时候开始都不晚

新世界出版社
NEW WORLD PRESS

图书在版编目（CIP）数据

别着急，任何时候开始都不晚 / 张恒编著. -- 北京：新世界出版社，2016.9

ISBN 978-7-5104-5842-2

Ⅰ.①别… Ⅱ.①张… Ⅲ.①成功心理－通俗读物 Ⅳ.①B848.4-49

中国版本图书馆 CIP 数据核字（2016）第146948号

别着急，任何时候开始都不晚

作　　者：张　恒　编著
责任编辑：董晶晶
责任印制：李一鸣　黄厚清
出版发行：新世界出版社
社　址：北京西城区百万庄大街 24 号（100037）
发行部：（010）6899 5968　（010）6899 8705（传真）
总编室：（010）6899 5424　（010）6832 6679（传真）
http://www.nwp.cn
http://www.nwp.com.cn
版权部：+8610 6899 6306
版权部电子信箱：nwpcd@sina.com
印　刷：北京天宇万达印刷有限公司
经　销：新华书店
开　本：880mm × 1230mm　1/32
字　数：160 千字　印张：9.5
版　次：2016 年 9 月第 1 版　2016 年 9 月北京第 1 次印刷
书　号：ISBN 978-7-5104-5842-2
定　价：32.00 元

前言
PREFACE

“明珠土埋日久深，无光无亮到如今。忽然大风吹土去，自然显露有重新。”这是《易经》中的一个象辞，说明时机不成熟的时候，要静下心来，耐着性子去等，等的过程中，自己的生命也会变得更丰盈。哪怕生命只余三五天，也可能有花自然开放。

尘世间，人们苦苦追求最多的是事业和爱情。

还记得《红楼梦》中跛足道人念的那首《好了歌》吗？“世人都晓神仙好，惟有功名忘不了！古今将相在何方？荒冢一堆草没了。世人都晓神仙好，只有金银忘不了！终朝只恨聚无多，及到多时眼闭了……”

心里时刻要竖起一把尺子，不能急着把事业做大，切记潜心把事业做强才有永续的竞争力；不能急着出名，而在“一瓶子不满，半瓶子晃荡”的情形下，登上没法重来的舞台；不能急着与别人比谁的钱更多，而忘记了来人世间走一遭更是为了欣赏路边的美景。

对于爱情，我们同样急不得，要用小火慢慢炖。

有一次，一位朋友冒雨去看冰心。“你有男朋友了吗？”

冰心问。“还没找呢！”那位朋友回答。“你不要找，你要等。”90岁的冰心老人殷切嘱咐。那位朋友在50岁时，终于等来了一生中真正的挚爱。

我们也可以像那位朋友一样，在等待中收获天长地久的爱情。

爱情没来时，让自己静下心来，变得更有涵养，慢慢地，等待也会变得很有意思。爱情来了，尽管另一半是自己“手心里的宝”，也要静下心来，给另一半留些独立的空间，耐着性子，把两个人不尽相同的性格磨合再磨合。总有一天，你能感受到“得成比目何辞死，愿做鸳鸯不羡仙”的情调。

《晋书·羊祜传》有言：“天下不如意，恒十居七八。”无论是事业还是爱情，我们都不可能一直如意。

现在，许多人的事业如日中天，但是在10年、20年之前，他们中的一些人也曾因担心错过而焦虑不安，因迷茫于未来而辗转难眠。每个人事业发展的阶段不同，有的人可能起步早了三年，有的人可能起步晚了五年，然而这对一生来说，算得了什么呢?

其实，做伟大的事业和种植小树苗一样，在春天栽种的时候，有的树干肥硕、根脉粗壮，有的树干柔弱、根脉纤细。但是再瘦小的树，只要把它种在向阳的地方，把树坑挖得大一些，水浇得勤一些，砍掉那些死去的和病了的枝丫，等上10年、20年，它也会长成参天大树。

许多人向往甜蜜的爱情。如果在错误的时间遇见一个错误的人，注定会是一场苦涩的爱情。

何必急着去吃生涩的、不成熟的果子，难道爱情也可以喷些催熟剂？爱情急不得。在等待中，即使你的年龄大了一岁、肤色黑了一层，也掩盖不住你潜心修来的涵养，掩盖不住你宠辱不惊、淡定从容的气质。

再美妙的爱情，流年也会使其转化为浓浓的亲情。居家的亲情，会慢慢地变得平淡起来。锅碗瓢盆过日子，油盐酱醋调滋味，不也挺好吗？和“手心里的宝”一起走过平淡的流年，不是也很有诗意吗？

如果你的事业很忙碌，却不如意，请慢下来，喝杯茶。

如果你的爱情还没来，请慢下来，等等它。

如果你的心不安宁，请静下来，别着急。

目 录
CONTENTS

It' s Never Too Late

第2章

错过，其实一点都不可怕

It' s Never Too Late

第3章

达观，迟早会看到你的未来

It' s Never Too Late

第6章 坦然，人生不要太功利

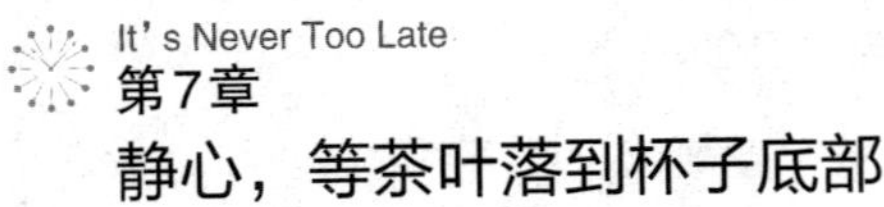

It' s Never Too Late

第7章 静心，等茶叶落到杯子底部

It’s Never Too Late

第8章 爱情，小火慢炖方能香气四溢

It’s Never Too Late

第9章 寂寞，从容去做应该做的事

It' s Never Too Late

第10章 创伤，一切都会过去

It' s Never Too Late

第11章 出发，永远都不晚

It's Never Too Late

第1章

赶路，不必那么匆忙

1. 时间都去哪儿了？
2. 别把自己每天都弄得紧张兮兮
3. 匆忙会让你错过路边的风景
4. 走走停停，让灵魂追上你奔跑的脚步
5. 史铁生：“死是一件无需着急的事，怎样耽搁都不会错过。”
6. 慢下来，你会得到惊喜
7. 活得充实，还要从容
8. 人生功夫茶，滋味全在品

1. 时间都去哪儿了?

“时间都去哪儿了？还没好好感受年轻就老了，生儿养女一辈子，满脑子都是孩子哭了笑了。时间都去哪儿了？还没好好看看你眼睛就花了，柴米油盐半辈子，转眼就只剩下满脸的皱纹了。”这是2014年央视春晚上歌手王铮亮唱出的人生故事。朴实无华的歌词，唱出指缝中匆匆流走的时间，唱出人们匆忙的一生。

一位白发苍苍的老人来到神的面前祈祷：“万能的神呀，请您赐予我幸福。”

神慈祥地望望他的子民：“我的孩子，你今年多大了？”

老人回答：“神啊，我今年70岁了。”

神感到奇怪：“难道你70年来从来就没有幸福过？”

老人摇摇头：“我10岁时不懂得幸福；20岁时忙着追求学问文凭；30岁时拼命挣钱购房买车；40岁时为求升迁与高薪而努力；50岁时我整天为孩子们的前途奔波；60岁时四处求医问药，治可恨的病痛；70岁时眼睛花了，耳朵也不中用了……”

神叹了一口气：“我可怜的孩子，我真的欠你太多了，我将赐予你幸福，但你的心里充满了名利、烦恼、劳累与仇恨。孩子，你将在哪里安置我赐给你的幸福呢？”

老人恍然大悟，他抛弃了名利、烦恼、劳累与仇恨……

他在耄耋之年，终于成为智者。

时间一直在“滴答”地走，不快一分，也不会慢一秒。我们过平淡的日子也要如此，不能因为时间在慢慢流逝，就刻意地加快我们前进的脚步；不能因为觉得时间过得慢，就减少我们热爱生活的激情；不能因为时间还太早，就不起来欣赏早晨的阳光，也不能因为时间太晚，就不去小河边散步……

孔子说过：“吾十有五而志于学，三十而立，四十而不惑，五十而知天命，六十而耳顺，七十而从心所欲，不逾矩。”意思是说，他15岁立志学习，30岁开始创立事业，到了40岁，遇事就不会被事物的表相所迷惑，50岁明白了世间万物的自然规律，60岁能听取不同意见，70岁时处理问题得心应手，不会越出规矩。这就是我们一生所要经历的事情，在每个年龄阶段，该来的自然会来，着急不得。

一个年经人急匆匆地来到一棵大树下，不时地向远处张望。虽然阳光明媚，鲜花烂漫，他却急躁不安，颓废地坐在大树下长吁短叹。

忽然一只小精灵出现在他的面前，说：“你等得不耐烦了吧？把这个纽扣缝在衣服上吧。要是遇上不想等待的时候，只用向右旋转一下纽扣，你想跳过多长时间都行。”

年轻人高兴得不得了，他轻轻地转了一下纽扣。女朋友出现在他的眼前，正脉脉含情地望着他呢！要是现在就举行婚礼该有多棒呀！他心里暗暗地想着。他又转了一下，隆重的婚礼现场出现在他的面前，美若天仙的新娘依偎着他，众多亲戚朋友都来庆贺，乐队奏响了欢乐的乐曲，他深深地陶醉于其中。他看着美丽、贤惠的新娘，又想，如果现在只有我们俩该有多好！不知不觉中，纽扣又转动了一点，立刻夜阑人静……

他心中的愿望层出不穷，要了一所带花园、露天游泳池的大房子，又要了一大群可爱的孩子……

时光如梭，他还没有看到花园里满园开放的鲜花和果园里结满的累累果实，一切就被茫茫的大雪覆盖了。他再看看自己，脚步蹒跚，已经老态龙钟了。

时间都去哪儿了？美国作家梭罗在《瓦尔登湖》一书中写道：“我们总是过于匆忙，似乎总是要赶到哪里去，甚至连休假、游玩的时候也是急急忙忙地跑完地图上标出的所有风景点，到一处‘咔嚓、咔嚓’，再到一处‘咔嚓、咔嚓’，然后带回可以炫示于人的照片。我们很少停下来，停下来听听那风，看看那云，认一认草木，注视一个虫子的爬动。”

高尔基说：“我们若要生活，就该为自己建造一个充满感受、思索和行动的时钟，用它来代替这枯燥、单调、以愁闷来扼杀心灵、带有责备意味和冷冷地滴答着的时间。”是的，我们不应为了完成别人交给的任务而忘记感受工作的快乐，不应因为担心孩子上学迟到而忘记吃饭时可以多和孩子聊聊天。

时间流走的时候会为我们留下记忆，或温婉优美，或寂寞凄凉。既然如此，不妨让我们的心安静下来，端一杯茶，倚窗而坐，静静地看着窗外，感受夏日的阳光；让我们的脚步慢下来，到小花园里，深深地嗅一嗅玫瑰花的香气，闭上眼睛感觉一下微风吹过的痕迹，让明媚的阳光照耀自己的全身，让清新的空气在体内和血液一起流淌，浑身上下便充满了活力。

2. 别把自己每天都弄得紧张兮兮

上学时忙着准备考试，每到吃饭时，恨不得多长两只手往嘴里填食；上班后忙着工作，每到早上，地铁口会准时出现一群行色匆匆的人；下了班忙着应酬，吃饭、喝酒、交谈……我们真的慢不下来吗？

晚年的大安禅师终日端坐，不言不语，无所事事。大家在背后称他为“懒安禅师”。

有一位僧人说：“终日不言不语，如木石一样，这就是禅吗？”

另一位僧人道：“终日端坐，既不领众修行，也不指导作务，这就是禅吗？”

大安禅师的“懒”引起大家议论纷纷。

有一天，大安禅师集合众人，说：“今天，请大家跟我一样，终日端坐，不言不语。只要三天，当可令大家识得自己。”

众人随大安禅师静坐一日，腰酸腿痛；第二日，众人请求，宁可作务，不愿静坐。

这时，大安禅师方才告诉众人：“老僧坐一日，胜过千年忙。”

众人无言。

为了抓住一次升职的机会，忘记了去与爱人约好的小河边；为了尽快还清住房贷款，放弃了回家与父母一起吃年夜饭；为了追求自己的价值和地位，不惜整天熬夜到凌晨两三点……这样的生活很苦，也很累。为了生活奔忙，无可厚非，但发动机转不动了，加点油就可以，可人不一样，人不应该也不可能无休止地机械地运行下去，不应该一直活在一种紧张忙碌的状态中，适当放慢节奏，保养身心还是非常有必要的。

台湾作家龙应台曾说：“思想需要经验的累积，灵感需要感受的沉淀，最细致的体验需要最宁静透彻的观照。累积、沉淀、宁静观照，哪一样可以在忙碌中产生呢？我相信，奔忙，使作家无法写作，音乐家无法谱曲，画家无法作画，学者无法著述。奔忙，使思想家变成名嘴，使名嘴变成娱乐家，使娱乐家变成聒噪小丑。闲暇、逗留，确实是创造力的有机土壤，不可或缺。”

的确，如果我们大脑的神经终日保持在高度紧张的状态，心里总担心上班迟到、房贷没还等问题，怎么有心情去欣赏房屋外的牡丹花是不是开了，怎么有心情去猜山上的树是不是都慢慢变绿了，怎么有心情去回忆去年自己划船渡过的那条芦苇河……

在华盛顿特区的一个地铁站里，一位男子用大约45分钟的时间，用一把小提琴演奏了6首巴赫的作品。旁边的地上，放着一顶开口朝上的帽子。显然，这是一位街头卖艺人。没有人知道，这位在地铁里卖艺的小提琴手是约夏·贝尔——世界上最伟大的音乐家之一。他演奏的是世界上最复杂的作品，用的是一把价值350万美元的小提琴。

在约夏·贝尔演奏的45分钟里，大约有2000个人从这个地铁站经过。大约3分钟之后，一位显然具有音乐修养的中年男子经过，他知道演奏者是一位音乐家，他放慢了脚步，甚至停了几秒钟听了一下，然后继续急匆匆地赶路了。

大约4分钟之后，约夏·贝尔收到了他的第一块美元。一位女士把这块钱丢到帽子里，她没有停留，继续往前走。

过了6分钟后，一位小伙子倚靠在墙上倾听他演奏，然后看看手表，就又开始往前走。

过了10分钟，一个3岁的小男孩停了下来，但他的妈妈使劲拉扯着他匆匆忙忙地离去。小男孩停下来又看了一眼小提琴手，他妈妈又在催他，小男孩只好继续往前走，但仍不停地回头看。其他几个小孩儿也这样注意到了演奏，而他们的父母全都硬拉着自己的孩子快速离开。

在这45分钟之内，只有6个人停下来听了一会儿，大约有20个人给了钱就继续以平常的步伐离开。约夏·贝尔总共收到了32美元。

而两天前，约夏·贝尔在波士顿的一家剧院演出，所有门票售罄。要坐在剧院里聆听他演奏同样的乐曲，平均得花200美元。

每天匆匆忙忙、紧紧张张，我们可曾静下心来？想一想我们的心是不是总在不停地担心着什么，不停地为错过了什么事而过分紧张着？

多问问自己，有些事是不是可以优化一下？多看看书，是不是可以找到更有效率的学习方法？多请教前辈和有经验的同事，是不是有更有效率的工作方法？多静静心，是不是可以想清楚事情的轻重缓急、按部就班地去办？

有些事情真的那么重要吗？少出去应酬几次，真的会对我们的生活造成重大影响吗？朋友圈是不是也可以简化一下？酒肉朋友是不是可以少聚几次，对喜欢攀比的朋友是不是可以少联系几次？

3. 匆忙会让你错过路边的风景

有句广告语这样说：“人生就像一场旅行，不必在乎路有多远，只在乎沿途的风景，以及看风景的心情。”在自由行的时候，我们享受着那种想走就走、想停就停的自在，这可以让我们细细品味身边的好风景。有人曾说：“当我年轻的时候，就像参加赛跑的马，带着眼罩拼命地往前跑，除了终点的白线之外，什么都看不见。”

从前，有一个商人去普陀山祈求致富之道。

一天晚上，他一个人急急忙忙地走在静寂无人的山路上。忽然，有一阵风刮来，一个神秘的声音对他说：“请你顺着原路回家，你家院里的果树上会结满果子。”商人觉得果子不会给他带来金子，继续卖力赶路。

就这样又走了三天三夜，突然不远处出现一条大河。又一阵风刮来了，一个神秘的声音对他说：“不要向前走了，你顺着原路回家，你家里母亲的脚痛就会好了。”商人觉得，只要有金子，母亲的脚痛早晚都能治好。

他历经七天七夜，渡过浩瀚无边的大河，岸边出现茂密的树林，树根相互交错，裸露在地面上，十分不好穿过，树林里偶尔还有动物的吼叫声。又一阵风刮来了，一个神秘的声音对他说：

“不要向前走了，你顺着原路回家，你的儿子会成为一个学富五车的人。”商人觉得知识没什么用，不如金子来得实在。

又一阵风刮来了，商人发现自己还待在家里呢，一切与原来一样。

现代的都市人总是忙忙碌碌，人们就在这紧张忙碌中过活，手脚并用，昼夜不分，如同旅行时乘汽车匆匆忙忙地过去，没有时间好好地欣赏一下风景。就因为这样的情况太多，这原本丰富的世界在我们眼中只剩下匆忙和紧张、劳碌与忧愁。我们的一生如同爬大山一样，爬的时间太长，停下来欣赏风景的时间太短。本来可以在路上看更多的风景，非要去山顶看几样没多少价值的东西。身上背负了太重的包裹，带着没有止境的欲望上路，忽略了沿途的美丽风景，空留一身的疲惫。

一生中永远有做不完的琐事、赚不完的钱。当生活上紧发条，人们就像个木偶似的不停地转动，做了岁月的傀儡，跟在时光的后面，忘了自己当初追求的是什么，如今又能得到些什么。

我们可以试着把每天的时间分出一些，来欣赏欣赏四周的好风景。我们想走的时候就走，想停的时候就停，随心所欲地去发现乐趣，留意值得珍惜、收藏的东西。既然来到这多姿多彩的世界，就应该像一个旅行家，目的不是快速走完我们的旅程，更重要的是能用心欣赏生命的历程。

孔子有一次出行，听到有人哭得十分伤心。孔子说："快赶车，快赶车，前面有贤人。"走近一看是皋鱼，他身披粗布，抱着镰刀，在路边哭泣。孔子急忙下车对皋鱼说："你家里莫非有丧事？为什么哭得如此悲伤？"

皋鱼回答说："我有三个过错：年少时为了求学，周游诸侯国，没有把照顾亲人放在首位，这是第一个过失；为了我的理想，再加上为君主效力，没有很好地孝敬父母，这是第二个过失；和朋友交情深厚却疏远了亲人，这是第三个过失。树想静下来可风却不停，子女想好好赡养父母，可父母却不在了！过去而不能追回的是早年的日子，逝去而再也见不到的是亲人。请允许我从此离别人世，去陪伴逝去的亲人吧。"说完就辞世了。

整日忙于事业，会忘记孩子的生日，会忘记问候年迈的父母的病痛好些了没有。

是不是可以在周末抽出一天，陪全家人去外面逛逛？给父母打个电话，陪他们吃顿饭、聊聊天？不要堂而皇之地用一个"忙"字进行搪塞，难道你可以陪朋友在饭桌前、麻将桌前一坐就是大半天，却不能陪家人逛街散步？

晚饭前后的半小时，是不是可以关掉手机，和爱人一起把饭菜做好，全家人一起乐呵呵地吃着家常饭菜，和孩子们一起聊聊他们今天在学校里遇到的开心事？

4. 走走停停，让灵魂追上你奔跑的脚步

“终日错错碎梦间，忽闻春尽强登山。因过竹院逢僧话，偷得浮生半日闲。”这是唐代诗人李涉的诗。正如诗中描写的一样，再忙也得抽出小半天的工夫，喝杯茶，静静心，停下来思考思考。只有心底清明了，做事才能更有条理，往前走也才能走得更顺畅。

一批科学家在非洲考察，需穿越原始丛林，追赶某种动物，于是他们请了当地人做向导。开始，他们前进的速度很快，可到了第四天，向导却说要休息一天。焦急的科学家们询问原因，向导的回答令他们陷入了沉思。向导说：“奔跑三天要停下来休息一天，等一等落在后面的灵魂。跑得太快，灵魂会追不上你的。”

科学家们由此明白了一个浅显的道理：一切都要遵循大自然的运动规律，有奔跑，就应该有静止；有劳作，就应该有休息；有忙碌，就应该有思考。而我们的现状，正如非洲向导所言：灵魂追不上自己奔跑的脚步！没有思考，所以就产生不了思想！

“人生匆忙症”是近些年在网上迅速蹿红的一个网络名词。上班族的生活像一只停不下来的陀螺，每天工作时间大于8小

时，周末还要加班，手机24小时开机，根本没有游山玩水的时间，没有陪父母的时间，甚至不知道自己在做什么。我们的灵魂去哪里了？是不是走得太匆忙，把灵魂落在后面了？

曾经热播的电视剧《蜗居》里的海萍说："现代社会的快节奏已经让人们感到空前的疲惫，但是就像你行进在人潮涌动的人群中一样，由于所有人的脚步都是这样，你不得不去顺应，即使你想停留下来，也会被后面的人群推着继续往前走。你已经没有时间和空间停下来喘息，已经不能停下来思考。"

我们每天都思考着，但是我们很少去想自己的目标是什么。有时候，我们的匆忙是在完成别人设定的目标。我们只有让心静下来，自己的目标才有可能慢慢变得清晰，思考也就变得周密了。学会停下来思考，我们就能发现事情并没有我们所想的那么糟糕；学会停下来思考，我们就会反省自己的遗憾；学会停下来思考，我们的心就慢慢变得如明镜般清晰。

电视剧《奋斗》中有一段徐志森与陆涛学开车时的对话。

开始前，徐志森说："你看到我怎么开了吧，你不要管这车是什么牌子，值多少钱，这和开车没关系。你只要记得，遇到状况，就踩刹车。"

随后，徐志森指挥陆涛先开快车然后紧急刹车。停下来又说："对待某些事情也要像开车一样，随时刹车才不会失控。开快车谁都会，但能及时刹住车可不容易啊。"

几分钟后，陆涛在失控之下把那辆豪华的车撞到了路牌上，吓得话都说不出来了。徐志森利用这个机会又说道："你看到了吧，不刹车就会失控，而失控是最坏的情况，因为没有人知道失控以后会发生什么。开车就是这样，在不清楚周围情况的时候就要刹车，随时刹车！"

古人云："吾日三省吾身。"这对于现代都市人来说或许是个笑话，越来越多的人已不晓得"文武之道，一张一弛"的道理。埋头赶路的都市人，执着地追求着自己的目标，只希望能再快一点，比自己预想得快一点，比别人快一点。他们忙忙碌碌，行色匆匆，面目冷漠，日复一日，年复一年。

只有当静下心来看这个世界的时候，我们才能感受到人世间的恩惠和亲人们的安慰。身在人世间，不要让自己成为一具只能被动接受任务的躯壳，再忙，也要停下来歇息，这不单是身体的需要，也是灵魂的渴求。在执着追求的同时，放缓脚步，等一等自己的灵魂，停下来想想，我们是不是被外在的目标冲昏了头脑？是不是我们的思想迷失了道路？

5. 史铁生：“死是一件无需着急的事，怎样耽搁都不会错过。”

《新刊大宋宣和遗事》中有云：“人生如白驹过隙，倘不及时行乐，则老大徒伤悲也。” 现代人的压力都比较大，日子再苦再累还得继续。就像余华的小说《活着》所描述的那样，很多人在痛苦中迷失了自己，只是为了活着而活着。不过，只要放下，即使生命再短，它也能闪烁出灿烂的光芒；即使人生再苦，它也会飘荡着令人回味的芬芳。

一个朋友乘出租车从拱北小学出发，开往香洲。

从拱北到香洲的十几分钟车程中，朋友和司机师傅聊了起来。从谈话中，朋友了解到这个司机师傅的一些基本情况：现年49岁，安徽淮南人，在珠海开出租车4年多了，家庭成员有父母、子女、妻子，一双儿女正在上高中，妻子下岗，全家靠他一个人开出租车维持生活。

朋友问他现在开出租车压力大不大。他说挺大的，一个月要上交租金15000元左右，也就是一天如果赚不到500元，他就要亏本，所以，压力挺大的。

这个城市笼罩在大片大片的雨里，今年的6月，雨一直下个不停。他们的话题不知道怎么就转到了网上的谣言，网上有谣言说今年9月份珠海会发生海啸，广州会发生大地震。司机大哥平静地说："相信这些只是自寻烦恼，我们只要好好地过到来的每一天，家人平安就是福。"短短的几句话，让朋友感触良深。

生命的本真不在于富有，幸福的含义不在于物质的丰富，快乐的理由不在于尝到了理想的果实。苦来自生活，乐也来自生活。诗人顾城说："黑夜给了我黑色的眼睛，我却用它来寻找光明。"生活和工作中永远不缺乏让我们感到快乐的东西，只是我们是否回避或忽略了它们?

我们除了为自己活着，还有很多事情要做，我们需要承担的责任是无法回避的。乐在何处？乐在自己的内心。有的同事抱怨工作太忙，忙得连喝口水的时间都没有，但在工作间隙看到自己喜欢的电脑壁纸，是不是就能在烦乱的心里找到一丝不一样的感觉？当你的同事们都下班去娱乐了，只有你一个人在默默加班的时候，是否会想起令自己感到甜蜜的事情？当你和你的另一半因为一点小事吵得面红耳赤的时候，是否会想起她（他）以前对你种种的好?

这是由于超速行驶发生的一起交通事故。

车主小王是一位年轻的私企老板，此行是与当地某企业洽谈合作事宜。小王刚结婚不到一年，媳妇温柔贤惠，已经怀有6个月的身孕，是和他从小玩到大的同村伙伴，正所谓青梅竹马。每每出车，小媳妇总要关照他，路上开车小心点，要慢点，不要急。

由于合作方电话催得紧，小王为了赶时间，车开得极快。前方不远处有一辆行驶速度较慢的小汽车，他想用最快速度超过。这时候，对面出现一辆打着强光的大货车，拼命闪着信号。小王握紧方向盘，他虽然超越了小汽车，却来不及给对面驶来的大货车让道，于是一场血腥的相撞惨剧发生了……

转眼间，小王的车几乎成为一堆废铁，小王脸上血肉模糊，人停止了呼吸。小王的家中尚有父母健在，一家人全指望他顶门立户，一场车祸夺取了爱子和丈夫的生命。年迈的父母、无依的妻子、还未出世的孩子，他们怎么过？

在生命的路上，我们总是贪婪地为了走路而走路：不停地读书、拼命地工作、卖命赚钱，身边出现如烟花般绚烂的景色，自己却无暇欣赏。我们总是容易被红尘中的名利所迷惑，而把身边那些最平凡的幸福遗忘。当生命走到尽头，我们苟延残喘于世之时，才会忽然明白，我们穷其一生所追求的不过是过眼云烟，最终这一切都不会追随我们而去，我们终究会化作一抔黄土。

人生苦短，岁月如水，乐天知命，我们可以乐陶陶地生活。为什么要疾首蹙额，为眼前一时的挫折心胆俱碎？为什么要为那些你看不惯的人和事心烦意乱？岂不知我们都是尘世间的伙伴，人世间一切无妄之灾、荣华富贵都将随着生命的结束而散去。人或活百年，或过数十寒暑，又有何值得自卑、自得的？人生是用来感悟和享受的，不妨随性一点。如果一生只是苦苦地煎熬，那么我们的人生又有什么意义呢？

6. 慢下来，你会得到惊喜

日子深深浅浅，一步一个脚印。一些复杂的事情如千万缕丝线，如果安然自若地梳理，便能如解绳索般随意。偶尔费点心思，想着这般清宁无波的日子是否就是生活本来的样子？偶尔心里不平，闹腾一下，听了亲人、友人的几番言语切切，就没了脾气。更多的时候，没有那么多的患得患失，而是淡然从容。

近几年，电视节目《爸爸去哪儿》红透大江南北。5对父子、父女中的爸爸推掉工作，和童真无邪的孩子们慢慢地过日子。慢下来的日子，很美。

节目中，总能听到他们妙趣横生的对话：

林志颖："你认为恬恬妹妹好不好？"Kimi："超甜的！"

田雨橙："爸爸小时侯喜好抠脚吗？"田亮："爸爸可没你这个坏习惯。横竖不喜好抠脚。"

田雨橙："爸爸！我也想喝啤酒。"田亮："小孩子不能喝酒。"

田雨橙："祝爸爸生日快乐！"田亮："这是爸爸收到的第一份礼品。"

张亮："你卖给我一根吧！"（父子俩眼睛闪光。）老板（无力招架）："你拿去吃吧！"张亮："感谢！"（父子嘚瑟。）

荣辱俱成过眼云烟。日子最小，又最大；最浅，又最深；最轻，又最重；浩浩荡荡，又不动声色。

有一种花叫月月红，它很急，沉不住气，只要看见有别的花在开放，它就嫉妒，吵着要开花。上帝是宽容的，说：“你要是想开花就开吧。”一年四季只要有别的花开放，它就要开放。一年四季总是有花开，于是它一年四季都开花，人们叫它“月月红”。由于它太急了，只知道开花，没有想到怎样积聚能量，把握时机，蕴藏芳香，所以开放的时候，人们只看见它很红，看不到其他的好，有点儿轻看它。你看，在公园里，就找不到它的身影，虽然它很努力。

那些园艺大师们就替这花着急，心想，漂亮的花儿开了，大伙儿还不知道呢。于是他们把这些花从各个角落，甚至很远的山区、草原移过来，放在主干道旁边、教学楼窗户下，告诉大家：你们快看啊，它们开花了，再不看，它们就谢了。可是，有别的花草要园艺大师这么干吗？没有。它们开花只是为了自己好玩，轮番做游戏，或者开给它们的情人看的，惺惺相惜。它们的情人是谁呢？它们从来不会告诉人们，大约是那些蜂蝶吧。文人吃醋了，就叫它们狂蜂浪蝶。

你看，这些花草从来不急，不管有没有人看见，都不急。人们在校园的很多角落里，发现了这样的小花，它们慢慢地在开着，安安静静。

人生若以100年来算，不过三四万天，不算长，也不算短。有人走得快，有人走得慢。可是，走得再快，也快不过时间。时间终会将我们甩在身后，慢慢塞进历史的压缩文件里。走得慢的人，时间陪着他，慢慢前行。他们慢腾腾地起床、浇花、打坐、看落日，从来不理会时间。时间也不催他们，随着他们的性子，在一边等他们。这些人往往就是活得明白的人。

真正活得明白的人，会像不急不躁的果树一样，春天来了，长起叶子；夏天来了，结起果子；从从容容，淡淡定定。从容的女人，温柔恬静、从容自若，安然地面对春去冬来；从容的男人，睿智自信、处变不惊，平静地面对纷纷扰扰。

8. 人生功夫茶，滋味全在品

茶如人生。茶苦如我们的生命，茶香如我们的爱情，茶淡如清风，一杯清茶，三味人生。无论浓烈或者清淡，都要细细地品味。有些人在世上，总急着争个高低上下、成败得失，殊不知高与低、成与败，都是人生的滋味。功名利禄来来往往，炎凉荣辱浮浮沉沉，一份淡泊，一份宁静，深入细致地品茶，就像品味漫漫人生一样，充满酸甜苦辣。

她的一生，情感多磨，孑然一身。70岁时，得了癌症，将不久于人世。她找了一位律师，想把巨额财富留给一位珍爱她的男人。她回到阔别多年的故乡，住进当地一家医院。

律师按照她的意愿给她曾经的亲友们去了一封信，包括她的两任前夫与数位男友。信中说，她得了重病，需要医药费几十万元，请他们伸出援手。

1个月后，没有丝毫音讯。

她的病情一天比一天加重，心境一天比一天凄凉。

忽然，她的手机响了。嗓音陌生，但清晰地叫着她的名字，关切地问着她的病情。几天后，来了一个老人，一脸风尘。老人拿出存折，20多万元，是卖了房产凑出来的。她仔细地想着老人的名字，没什么印象，却又似乎有这么一位同学。她问老人为什么这么做。

老人的目光深情而执着："因为爱，从17岁开始，爱了50多年。"50多年，将近2万个日日夜夜，多少回风中凝望，多少回冷露浸衣啊！听着听着，她泪流满面，寂寞了一生的悲苦心灵，却在弥留之际，收获了一份漫漫50多年的浓情。

此后，他和她漫步斜阳，嘘寒问暖，仿佛相濡以沫了50多年的老夫妻。

3个月后，她去了，是含着微笑离去的。他号啕大哭，哭完又笑，笑了又哭。最后，他擦干泪水，把她遗留的财富全部捐献出去。

他说，他的一生只活了3个月。

而她，又何尝不是呢?

有位做化妆品推销的朋友，7点半上班，匆忙布置场地；客户来了，他匆忙地讲解产品；中午把40分钟的吃饭时间缩短到10分钟；下午依然还是讲解。就这样过了--天，别人成交了十多笔生意，他只能做成二三笔。他的主管对他说："客户一走，你就急忙去接待下一个客户，根本没有考虑上一个客户为什么走。"的确，不回味，怎知自己的不足；不细品，怎知果实的甘甜。

戏台上，有前台也有后台，前台的演员们看起来是那么漂亮，人们却不知道他们在后台的辛酸。前台的演员们唱得五音不乱，说得字正腔圆，演得淋漓尽致，却不知道他们到了后台，脱下那一身的行头，又是一副什么样的面孔，那才是真面孔。

生活的压力和紧绷的心弦，让人无法放松心情。人们渴望心静、心安、心清的状态，却好似水中捞月；祈盼远离尘嚣、回归自然的愿景，却恰如海市蜃楼。蓦然回首，方才意识到真正值得我们追求与向往的东西其实很简单。茶可清心，淡淡的一丝香甜，柔柔的一缕心音，暖暖的一份真情，那份幽香、那份清醇、那份淡雅，让你在默默的品味之中，感悟人生的真谛。

这是一个来源于国外的故事。

那天晚上在厨房，我正在做饭，女儿蹑手蹑脚地走过来，悄然站在我身后。我一转身，差点儿把她撞倒。"走开！"

我皱着眉冲她大喊。她缓缓离去，而我却没意识到我应为自己的呵斥汗颜。

那天夜里，我躺在床上尚未合眼，上帝轻柔的声音传到我耳边：“当你和陌生人打交道时，你镇静而有礼，但对你所爱的人，你却容易急躁……马上到厨房地板上看一眼，你会看见一些鲜花在门后边。那是她带给你的鲜花，是她自己采摘的——粉色的、黄色的，还有蓝色的。她静静地站在那里，不想破坏你的惊喜，你却没有看见她眼角噙着的泪滴。”

此时，我感到悲伤、渺小；此时，我已潸然泪下。我轻轻走进女儿的房间，跪在她的床边。“醒醒！亲爱的，醒醒！”我轻声呼唤，“这是你采摘给我的鲜花？”

她露出笑颜：“我发现了它们，在野地里。我用纸巾将它们包起来，只是为了送给你。我知道你会喜欢它们，特别是那蓝色的花。”我羞愧万分：“抱歉，我傍晚没看见它们，我真不应该对你大声嚷嚷。”

她悄悄说道：“妈妈，没关系，我依然爱你。”我拥抱她，对她说出心里话：“我也爱你，我爱你送我的花，特别是那蓝色的花。”

少年，初识愁滋味的季节，成长的岁月浸透了淡淡的苦涩；青年，如火如荼的季节，亮丽的青春却总有那么几抹灰色；中年，阅尽人生的坎坷，趋向成熟的岁月，双肩扛起沉重的包裹；老年，饱尝了岁月的风霜雨雪，怀念已逝的青春韶华，总难免酸涩。人生的苦不是酒，酒让人沉醉不解愁；人生的苦恰如茶，痛苦中给你警醒，给你希望，淡淡的苦涩蕴蓄着清香。

是的，今天有今天的烦恼，明天有明天的困惑，匆忙地赶路，只会让困扰更多。不妨静下来，慢下来，仔细品味每一件小事。瞧！每天太阳都是要出来的。阴雨天过了，不是又放晴了吗？人生的那方天空难道会永远阴云密布？生活就是要为了生存和进取而努力，别拒绝人生给予的那份苦涩，因为这苦涩中孕育着成功的希望。

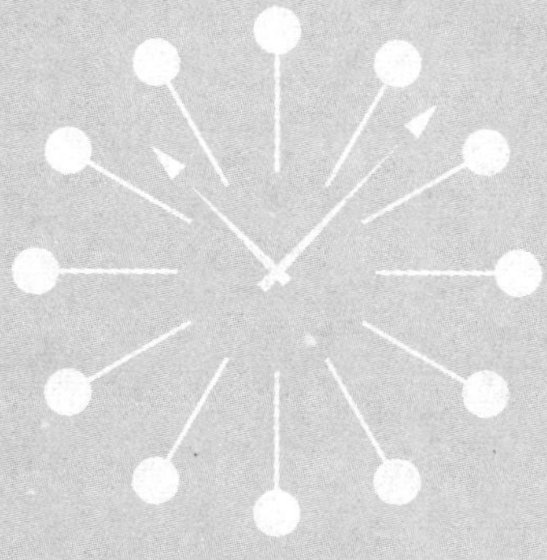

第2章

错过，其实一点都不可怕

1. 你总是在担心什么吗?
2. 永远会有错过的东西，顺其自然吧
3. 错过，是为了更好地遇见
4. 无论任何时候，你都有爱的机会
5. 该结婚就结婚，该生子就生子
6. 有遗憾，但绝不后悔
7. 与多余的危机感说拜拜
8. 该来的早晚会来，不如坦然面对
9. 每个人都会老，错过青春并不可怕

1. 你总是在担心什么吗？

作家龙应台说：“幸福就是：生活中不必时时恐惧；开店铺的人天亮时打开大门，不会想到是否有政府军或叛军或饥饿的难民来抢劫；走在街上的人不必把背包护在前胸，时时刻刻戒备；睡在屋里的人可以酣睡，不担心自己一醒来发现屋子已经被拆，家具像破烂一样被丢在街上。”

佛陀有一次回故乡迦毗罗卫城游化的时候，暂住在城南的尼拘律树园中。

佛陀的堂弟摩诃男居士就在这一天来礼见佛陀。他对佛陀说：“世尊！现在我们迦毗罗卫城这个地方，物产丰富，人口众多而繁华。我每天在这里进进出出，身旁常有狂奔的象、马，横冲直撞的人、车擦身而过。我常在想，不知哪天会被撞死，而死前又仓皇地忘记了念佛陀、念正法、念僧伽，我担心像这样的死法，不知道下一辈子会沦落到哪一道，出生到什么地方去。”

“摩诃男！不必害怕，你死后会出生到好的地方，不会沦落到三恶道去，也不会有不好的报应。这就像一棵树，从幼苗时就倾向东方生长，继续长大时，还是一直朝东方倾斜生长。若是有人一斧子砍断这棵树，那么，这棵树会朝哪个方向倒下呢？”

“世尊！那当然是朝东方倒下喽。”

“摩诃男！你也一样。就像有人将装有酥油的瓶子，丢到深水池中，瓶子当然会一直沉入水底，但那瓶中的酥油，终究会浮到水面上来一样。摩诃男！你长久以来，念佛陀、念正法、念僧伽，死后即使身体被火化了，或被弃在坟场间，任由乌鸦、鹰鹫、野狗、土狼啃食，风吹、日晒、雨淋，久而久之，身体都化为尘末了，但心灵经长期熏陶，所建立起坚固的信仰、戒行、闻思、布施、智慧，会引领心识升华，向于安乐美好之处。”

有些人总是怀疑自己错过了什么，害怕自己的安排出了错误，此刻，平静的心很容易变得犹豫，既而转变为恐惧、焦虑、茫然、患得患失、烦躁不安等诸多复杂情绪。这就像是现实生活中令人扼腕的擦肩而过。当你错过一趟航班时，迟到两小时和迟到两分钟，哪个更令你难过？答案显然是后者。这种失之毫厘的深切遗憾使得我们的举止开始发生奇怪的转变。

工作忙碌的我们，是否早已习惯紧绷的步伐，只要一慢下来，就觉得全身不对劲？习惯肩扛起所有的事情，交到别人手上的事，你总是不放心？总是武装自己，有时却感到力不从心？纵使工作再忙、事情再多，还是要适时地慢下步伐，找回生活的理想步调。

一位做电视企划与采访的年轻人，常常需要加班，日夜颠倒。因与家人同住，他妈妈很担心，常在他耳边念叨“要记得吃饭，别太晚睡，开车要小心”等等。这样的唠叨每天重复好几次，他已见怪不怪，习以为常。只是有时他也会觉得不耐烦，一见到妈妈就想逃，免得听她啰嗦半天。

有一次，他赴台湾花莲采访慈济的证严师父，听到师父说一句话，他觉得很有道理：“如果父母常常担心他的孩子，他的孩子会没有福气，因为福气都被父母给担心掉了。”师父又说：“如果父母希望他的孩子有福气，就要多多祝福他的孩子，而不是担心他的孩子。”

年轻人听到这样的话，十分兴奋，一回到家，马上转述师父的话给他妈妈听。他说，从此以后，他妈妈就很少再对他唠叨了，他看到妈妈也不会再躲，反而在下班之余，会找妈妈聊聊天，他觉得现在他跟妈妈在一起像朋友一般自在。

母亲常常是一家的灵魂人物，掌管着一个家庭的气氛。没有一个快乐的母亲，就很难有一个快乐的家庭。然而，大多数的母亲都过分地担忧子女：课业、工作、婚姻、健康……几乎无所不担心，你想这样的母亲会快乐吗？

放下、放心、放手，我们能做到哪一样呢？试着不去计较小事情，这可以让我们过得更好。如果我们的另一半总是不像我们一样把毛巾叠得好好的，或者我们的孩子起床后不叠被子，也不要太在意。保持沉默在一开始往往是最困难的，但想想看，当我们不再想控制一切，不再逼自己完成每件事，将会有多自由、多快乐。心理学家威廉·奥斯莱说："生活中的大部分忧虑都源自瞻前顾后。如果总是把注意力集中在未来的事情上，那么很快就会失去'现在'。"

如果你还不知道自己想要什么，就静下心来，倾听心的第一反应。回忆你最快乐的时光，比较不同的快乐，哪一种更使你有满足感，让你觉得这一刻自己真实而愉悦地存在着，有想进一步追求的欲望？听从自己内心的声音，找到自己最重要的东西。

人生的痛苦在于追求错误的东西。所谓追求错误的东西，就是在无限趋近于它的时候，你才猛然发现，它并不适合你。因为无能为力，所以顺其自然；因为心无所恃，所以随遇而安。生命中总有那么一段时光充满恐惧，可是除了勇敢面对，我们别无选择。永远不要提前害怕生活里会出现的任何意外，因为你越害怕，它就越会到来。

2. 永远会有错过的东西，顺其自然吧

龙应台说："幸福就是，寻常的日子依旧。水果摊上仍旧有最普通的香蕉；市场里仍旧有一笼一笼肥胖的活鸡；花店里仍旧摆出水仙和银柳，水仙仍然香得浓郁，银柳仍然含着毛茸茸的苞。"

药山惟俨禅师是唐代著名禅宗大师，他与许多高僧一样，善于从眼前的小事物入手，启发弟子们的悟性。

有一次，惟俨禅师带着两个弟子道吾和云岩下山。途中，惟俨禅师指着林中的一棵枯树问道："你们说，是枯萎好呢，还是茂盛好？"

道吾不假思索地回答："当然是茂盛好。"惟俨禅师摇摇头道："繁华终将消失。"这一来，答案似乎已经明确，所以云岩随即转口说："我看是枯萎好。"谁知惟俨禅师还是摇了摇头："枯萎也终将成为过去。"

这时，正好有一位小沙弥从对面走来，惟俨禅师便以同样的问题来"考"他。机灵的小沙弥不紧不慢地答道："枯萎的让它枯萎，茂盛的让它茂盛好了。"

惟俨禅师这才颔首赞许道："小沙弥说得对，世界上任何事情，都应该听其自然，不要执着，这才是修行的态度。"

泰戈尔说："如果你因错过了太阳而流泪，那么你也将错过群星了。"

苏轼在人生最得意之时，一不小心，错过了美好的仕途生活，走进了人生的低谷，然而，他顺其自然，终于在山与水之间发现，原来平淡才是人生中最美好的味道。他看淡了，看开了，悟出"回首向来萧瑟处，归去，也无风雨也无晴"的人生境界。

徐本禹，这个让所有国人眼睛湿润的年轻人，毅然离开繁华的城市，只身去贫困的农村做义教，用自己瘦弱的肩膀扛起了本来不属于他的责任，用他的行动灼痛了我们的眼睛。他错过了繁华的都市，错过了进一步深造的机会，然而，他没有错过心中神圣的希望，没有错过孩子们的成长。虽然错过了城市的风景，他却给山区带去了希望、光明。

聂海胜、费俊龙是与杨利伟一起接受训练、同甘共苦多年的战友。2003年，杨利伟驾着神舟五号飞船一飞冲天，成为中国航天史上第一位太空人。落选的聂海胜、费俊龙顺其自然，对工作始终抱有饱满的热情，终于在两年之后，如愿以偿地登上了神舟六号飞船，出色地完成了多人多舱多天飞行的历史性任务，成为世人景仰的时代英雄。

印度有一位著名的哲学家，饱读经书，富有才情，很多女人迷恋他。一天，一个女子来敲他的门，说：“让我做你的妻子吧！错过我，你将再也找不到比我更爱你的女人了！”哲学家虽然也很喜欢她，却回答说：“让我考虑考虑！”

哲学家用一贯研究学问的精神，将结婚和不结婚的好坏之处分别罗列下来，却发现两种选择好坏均等，真不知该怎么办。于是，他陷入长期的苦恼之中，无论又找出什么新的理由，都只是徒增选择的困难。

最后，他得出一个结论——人若在面临抉择而无法取舍的时候，应该选择自己尚未经历过的那一个。不结婚的处境他是清楚的，但结婚会是个怎样的情况，他还不知道。对！该答应那个女人的央求。

哲学家来到女人的家中，问女人的父亲："你的女儿呢？请你告诉她，我考虑清楚了，我决定娶她为妻！"女人的父亲冷漠地回答："你来晚了10年，我女儿现在已经是3个孩子的妈妈了！"

有时候，人生因遗憾而完美，你可以遐想错过：那抹色彩，那次潮湿，那份悸动，那场玄妙，那捧温柔，那缕眼神，会随时间而沉淀起心底最温暖的回忆，会随岁月而积累为人生最宝贵的财富。只要调整好心态，我们的过往就会释放馥郁的芳香；只要更换角度，往事就会萌发茸茸的绿叶；只要改变方式，曾经就会结出累累的硕果。错过，或许是一种美好的永恒。

谁不曾有过最美的遇见？谁不曾有过最痛的错过？生命的天空会因流星而绚丽，心灵的花园会因昙花而灿烂，人生的道路会因错过而精彩。错过，或许是一种别样的美丽，顺其自然吧。

3. 错过，是为了更好地遇见

塞翁失马，焉知非福。错过了一个爱自己的人，或许能遇见一个自己爱的人；错过了一次与朋友相聚的酒会，可以在楼下多陪父母散会儿步；错过一次成为主管的机会，可以多一些创业的时间。人生错过的何其多，一切顺其自然，等待更好的遇见。

她在信箱里看到一封结婚请柬，新郎是他，新娘不是她。

她想起，他最初是不会抽烟的，他说最初爱上她时她也不是那样一个坏脾气的姑娘。她笑：“我的脾气都是被你宠坏的。”他不接话了，她有些慌。他用青色的胡茬狠狠地扎她的脸：“丫头，要是有一天我也受不了你的坏脾气了怎么办？”

后来，她搬去上海泰晤士小镇，那里有红色的屋顶、蓝色的墙壁、复古的路灯和一座小小的许愿池。钟声响起的时候，身后的阿姨调侃道：“你每月许一次愿还不够？”她笑：“不够不够，永远不够。”7年了，她掏出第84枚铜币，虔诚地许下愿望，抛起铜币。之前的83次，她许的都是同一个愿望，但是这次，她换了。

3年后，她也结婚了，还生了一个儿子，老公在情人节的时候都会在隔壁小店里给她买99朵一束的玫瑰。

张爱玲说过：“在这个世界上，总会有那么一个人在等你。”有的人，看你一眼，你再也忘不掉；有的人，一直在你身边对你好，你却没有发觉。是谁说，喜欢，是一种心情，爱，才是一种感情。但无论如何，也不要让不属于自己的感情，去刻意改变。

我们或许因为一时大意，错过了升学的机会，但通过努力一样可以找到理想的工作；错过了一次面试机会，同样也会遇到更高的平台。把心放宽一些，不用那么急躁，静下心来，总会有云开雾散的时候。

恋爱也一样，曾经的相守已经过去，既然已错过，就慢慢地等待下次遇见可以真正相守的人。把我们的心放平、放舒展，我们才会在下一次遇见的时候，更有感觉。在梦里依旧会出现下一次遇见时的场景，如或明或暗的灯光下的小船，荡漾起一阵阵潋滟的涟漪，幻化成一朵朵纯洁的白莲，摇曳出一个又一个魂牵梦绕的故事。

错过了就会有遗憾，有遗憾就会留下记忆；记住，是为了下次更好地遇见。

4. 无论任何时候，你都有爱的机会

孩子的开学典礼，我们或许因为公司开会去不了，但这不影响我们在每天晚上入睡之前给孩子讲故事；大学同学的婚礼，与我们的上班时间冲突了，但不影响我们同窗四年的友谊；父母的一次生日，我们忘记了，但我们还是可以经常和父母团聚、唠家常。只要我们心里有爱，随时都可以表达。

一对修道的老夫妇如愿老年得子，高兴得不得了。他们给孩子取名为由子，生活过得无忧无虑。由子在10岁时，跪在父母跟前说：“以前父母曾经进山修行，以求永生

永世解脱苦难的心愿。如不赶快进山修行，以后恐怕后悔就来不及。”老夫妇听从儿子的话，到了山里，一家人便居住下来。

一天，由子到泉边汲水，一群鹿看到由子，便跑到他的身边簇拥着他。来到泉水边，由子和小鹿们一起嬉水玩耍。国王恰巧打猎路过这里，远远地看到一群鹿正在水边嬉戏，就拉开弓将箭射了过去，不料却把由子误伤了。国王心中悔恨莫及，来到由子家中，把情况向老夫妇说了。这突如其来的噩耗，像晴天霹雳一样把两个老人吓呆了。国王沉痛地说：“老人家，是我给你们造成了如此大的不幸。我要奉养你们终生。”两位老人扑倒在地，紧紧抱住儿子的尸体，用颤抖的手摸着儿子的脸、身体放声大哭。哭声撕心裂肺，震天撼地。

老夫妇的丧子之痛，惊动了天神。天神往人间一看，原来是一对盲眼的修道人正在哀悼自己的儿子，百鸟群兽、花草树木也在悲鸣低泣。

天神立刻下凡来到人间，掏出灵丹，灌入由子的口中。顷刻之间，箭便从伤口中跳了出来，由子复活了。

两位老人听到儿子死而复生的消息，突然感到眼前一阵明亮，他们俩的眼睛一下子恢复了光明。

从此，国王视由子为亲兄弟，敬由子的父母为自己的父母。

我们过着朝九晚五的生活，整日忙忙碌碌，但是并不影响我们去爱。即使错过了，也可以弥补。天空难免有阴雨，尘世难免有错过，错过的是事情，而不是我们的爱心。谁都知道，爱发自内心，而不是非得等我们富有了、发达了，才有机会去孝顺父母；也不是等我们有经济实力了，才可以去帮助朋友。

记得一位哲学家说过这样一句话：“爱，无论何时何地。”无论日子多忙碌，生活多艰难，依然挡不住我们爱的脚步。纵然我们曾经错过，我们的心依然是温暖的，我们可以更深情地爱着身边的亲人、朋友。

有一间禅寺住了一名小沙弥，在修行期间，他常常觉得寺里的生活非常无聊，就利用小凳子垫脚，爬墙溜出去夜游。

有一天，老和尚发现了这件事，一时不知道该如何处理。他认为小沙弥成天关在寺内修行，外出透透气也不是什么坏事，但是和禅寺的规定相冲突。

思考后，老和尚先算好小沙弥回来的时间，再把垫脚的凳子移开，然后拱起背趴在墙边，把自己当成凳子。这时，翻过墙回寺的小沙弥一脚踩上去，发现那竟是老和尚的背，顿时感到非常羞愧。老和尚趁机开导道：“修行要心无旁骛才能达到目标。”

从此，小沙弥再也不偷偷溜出去玩了。

有爱的时候，就像在阳光下生活，会感到十分温暖；像在花丛中起舞，会多一份妩媚；像在春风里行走，会多一份灿烂；像在月色里解读，会多一分诗意。即使身处逆境、身心疲惫，我们仍然选择去爱；即使错过一次，我们仍然有爱的机会。有爱在，在淡然平和的日子里享受属于自己的幸福，这才是智者的选择。

时光荏苒，在经年长卷里，我们难免会错过生命中的很多美好，从而感到遗憾。其实，错过并不可怕，可怕的是没有那份真正爱人的心。如果我们的心带着满满的爱，错过了又何妨？因为还有时间，我们仍有爱的机会。在那爱意满满的时刻，品一盏香茗，听一曲琴音，让我们的心灵时时散发出爱的能量，净心向暖。错过一些景色，生命的画依然可以斑斓，人生的书依旧能够丰盈。

5. 该结婚就结婚，该生子就生子

著名作家冰心说："人的一生应该像一朵花，不论男人或女人，花有色、香、味，人有才、情、趣，三者缺一不可。"是的，如果我们能够顺其自然，即便吃粗茶淡饭也别有一番香甜浓郁，住竹楼茅舍也别有一番闲情野趣。人有了才、情、趣，无论与他人同行，还是独自行走，一路上总会有暗香随行，无论在何种境遇里，都能把日子过得活色生香、有滋有味。

禅院的一大片草地上荒芜枯黄，小和尚看在眼里，对师父说：“师父，快撒点草籽吧！这草地太难看了。”

师父说：“不着急，什么时候有空了，我就去买一些草籽。什么时候都能撒，急什么呢？随时！”

中秋的时候，师父把草籽买回来，交给小和尚，对他说：“去吧，把草籽撒在地上。”起风了，小和尚一边撒，草籽一边飘。

“不好，许多草籽都被风吹走了！”

师父说：“没关系，吹走的多半是空的，撒下去也发不了芽。担什么心呢？随性！”

草籽撒上了，许多麻雀飞来，在地上专挑饱满的草籽吃。小和尚看见了，惊慌地说：“不好，草籽都被小鸟吃了！这下完了，明年这片地就生长不出小草了。”

师父说：“没关系，草籽多，小鸟是吃不完的。你就放心吧，明年这里一定会有小草的！”

夜里下起了大雨，小和尚一直不能入睡，他心里暗暗担心草籽被冲走。第二天早上，他早早跑出了禅房，果然，地上的草籽不见了。于是他马上跑进师父的禅房说：“师父，昨晚一场大雨把地上的草籽都冲走了，怎么办呀？”

师父不慌不忙地说：“不用着急，草籽被冲到哪里就在哪里发芽。随缘！”

不久，许多青翠的幼苗果然破土而出，原来没有撒到的一些角落里居然也长出了许多青翠的小草。

小和尚高兴地对师父说："师父，太好了，我种的草长出来了！"

师父点点头说："随喜！"

浮生如梦，芳菲几许？轻轻抖落尘埃，把不快留给岁月，把简单留给自己，在安之若素里，寻一处幽境，栖身于禅林，吟一帘春风雅意，谱一曲袅音绕梁，怀一份淡墨诗意，心中方能开出最美的莲花。在红尘中，唯有一念心静，方能直通彼岸。

任风云突变，心自如莲．只要心中有阳光，处处都会明媚；只要心装四月天，到哪儿都能见花开。纵然身处满目枯草的季节，只要放松自己，以一份素简之心，便可享受岁月如歌的灵动，苍茫里也能觅得美丽的风景线。

"世事我曾努力，成败不必在我。"不用为成败担心，一切顺其自然，不要总是愁眉苦脸，独自哀叹。走自己的道，看自己的景，唱自己的歌，描自己的画，若心有大爱，心存感恩，心怀希望，春天必定与我们同行。

世上很多人感叹，人生多风雨，道路总崎岖，心里忐忑不安，昨日怕升不了学，今日怕失了业。面对生活，他们常常低首蹙眉，郁郁寡欢。其实，人活着就是一种修行，只要心底从容坦然，该做什么的时候就做什么，应该学什么就学什么，修行就不会不圆满。虽说人生有意外、有风浪、有险阻，但世上道路不止一条，希望不止一个。也许越过风浪，就能和风弄弦，弹奏高山流水；也许战胜险阻，就能轻歌曼舞，尽享丝竹雅韵。

尘世间，生、旦、净、末、丑，每个人都是主角，都是人生舞台上的一道风景。如能心如桃源般安然，便能让每个日子都风和日丽。我们要看透红尘变幻，懂得顺其自然，不着急、不恐慌，任身边红尘喧嚣，心中常是云水禅心，那么，山一程，水一程，这一路走来，我们定能带着清欢，笑观花开花落，静观云舒云卷，默默欢喜。

6. 有遗憾，但绝不后悔

人生因遗憾而真实，很多人会意犹未尽地想着那次错过、那抹色彩、那份悸动、那场玄妙、那捧温柔、那缕眼神。伴随着季节的更替，曾经的遗憾慢慢变为心底最温暖的回忆，曾经的过往也会在不经意间释放馥郁的芳香。如果不经意间错过了，何必一定要后悔？

有一位禅师，经常周游名山大川。他很喜欢养鱼，所住的山间道场上常有游鱼在池塘里嬉戏。

禅师在塘边的一块大石头上休息，身边的一个侍者过来说有一个老婆婆正在哭泣。

禅师走过去，问道：“老人家，您为什么伤心呢？”

老婆婆说："最近我一直做噩梦，不是丈夫打猎受伤了，就是儿子去挑水掉河里了。梦里又埋怨自己没有让丈夫天天吃上好东西，没有给儿子办完婚事。我总担心这样的事会真的发生，发生了又懊恼。想请大师给我解下梦。"

禅师说："我已经和神仙说过了，您放心吧。不过您得再做两件事，一是多做些能让家人过上好日子的事情；二是您在家里多种些果树，多种些花。等蜜蜂、蝴蝶都来了，一切都会好起来的。"

老婆婆开心地离开了。

侍者不解地问道："能成？"

禅师说："解梦是解心。心解了，一切都了了。"

一个月后，老婆婆乐呵呵地带着礼物又来见禅师。

老婆婆说："大师您真厉害，能与神仙打交道。"

禅师说："心中有，则神在。"

人生的旅途没有回程票，只有一个方向，那就是向前。在这个过程中难免有不顺心如意的时候，只要我们努力了，就不用后悔，一切随缘。

每个人的境遇各不相同，可能少时我们错过了努力学习，致使现在接受新知识不是那么的顺畅；可能错过了进入某个赚钱的行业，致使现在生活水平不是太高……但这又有什么呢，我们每天兢兢业业地工作，真心实意地对待朋友，孝顺父母，做好自己眼下的一切，那些遗憾又能算得了什么呢？

许多人，许多事，过去了就让它成为风景。在生活的阡陌中，淡淡听风，才会走得更轻松。岁月好似指间的沙子，在手指轻轻合拢时，沙粒划过皮肤，会使你惊醒，感到淡淡的疼。记住该记住的，忘记该忘记的，改变能改变的，接受难以接受的。生命的精彩在于：把握现在，微笑向前。

人生本是一蜉蝣，转眼青丝变白头，一生短暂等闲过，何必伤春又悲秋。关于那些过往，珍惜了不会遗憾，努力了不会惋惜，执着了不会后悔。把错过当诗行锤炼，把往事当钻石珍藏，把曾经当镜子反省。即使错过了生命中最重要的，只要信仰在，目标就在；只要目标在，勇气就在；只要勇气在，美好就在。学会释怀，学会淡定，生活总会柳暗花明。

每个人都是红尘中的过客，有花开就有花谢，有潮起就有潮落，有繁华就有落幕，只要懂得知足，人生就会常乐；只要心是晴朗的，人生就没有雨天。人生，不会太圆满，繁华有繁华的风景，萧瑟有萧瑟的景致。面对困难、阴霾和失败，我们一定要找回坚强和勇敢，调整好凌乱的步伐，收拾好散乱的心情，安静从容地把过往抒写。

7. 与多余的危机感说拜拜

印度诗人卡里达沙写道："昨日宛如梦境，而明日只是幻想，虽然处于今日，同样要好好地活，使每个昨日成为愉快的梦，每个明日是希望和喜悦的幻想。好好把握今日吧！无须为未来烦恼。"

曾看到这样一篇文章：

电视里的一个娱乐节目说，全球气候在变暖，地球上将会暴雨连绵、酷热难当。莫斯科郊区不长土豆，会长出香蕉，连北极圈都会像赤道那么热。

玛娅的血压急剧上升。她把毡鞋、雪橇和皮袄扔进了小仓库，跑到市场上订购了一双胶皮靴、一只橡皮船和几袋盐，买了一件非常时髦的游泳衣。万一她家附近变成浴场了呢？

邻居加弗里科夫建议她再买一把大鱼叉，以备以后捕鲨鱼或其他什么大鱼时用。想到以后所有的商店都会沉入水下，自己只得在波涛汹涌的水面上捕鱼，玛娅害怕得几乎昏了过去。

晚上，电视播出一则消息，那是反恐中心的通知。节日来临，恐怖分子预谋要在居民区和公共交通设施上搞恐怖活动，节目建议市民尽量减少出行。

玛娅一夜无眠。

第二天早晨，邮递员送来了退休金，还告诉玛娅，市内开了一家私人会馆，一天24小时只预报好天气，不预报坏消息，但是，收费很高。

玛娅拿着刚刚到手的退休金，直奔会馆而去。

会馆里有一个老年的心理医生，他对大家说，从下个星期开始，天气永远晴好，阳光永远灿烂，冬天像冬天，夏天像夏天。

他建议大家不要再看电视，而是一起去跳迪斯科。

玛娅和一个有点儿谢顶的男士，在会馆的大厅里跳了整整一天的舞，累得差点儿晕倒，她从来没有这么高兴过。

晚上，玛娅回家时，在院子里遇到了邻居加弗里科夫。这一天的早上，加弗里科夫看完电视，穿上齐腰深的水靴，到院子里等待即将来临的暴风雨。

我们怕失去了工作，总担心房贷还不上；我们怕生病，总担心一场病把半生的积蓄给吞没了；我们怕孤独，总担心成了世外之人，被社会抛弃。我们不敢奢谈幸福，但求平安，或者说把幸福的感觉理解为平安。孩子们都可以平安长大，他们出门上学去了，可以平安回家。成人可以平安到老，而不是伴着恐惧去过日子。上天是公平的，该来的总是会来的，不该来的求也求不到。

其实过多的担心改变不了我们目前的状况，只会对我们的生活产生负面的影响，使我们的心变得浮躁不安。与其杞人忧天，不妨安静下来。

在撒哈拉大沙漠中，有一种土灰色的沙鼠。每当旱季到来之时，这种沙鼠都要囤积大量的草根，以准备度过这段艰难的日子。因此，在整个旱季到来之前，沙鼠都会忙得不可开交，在自家的洞口进进出出，满嘴都是草根。从早起一直到夜晚，辛苦的程度让人惊叹。

但是，有一个现象很奇怪，在沙地上的草根足以使它们度过旱季的时候，沙鼠仍然要拼命地工作，仍然一刻不停地寻找草根，并一定要将草根咬断，运回自己的洞穴，似乎这样它们才能踏实。否则便焦躁不安，“嗷嗷”地叫个不停。

而实际情况是，沙鼠根本用不着这样劳累和过虑。研究证明，这一现象是由一代又一代沙鼠的遗传基因所决定的，是沙鼠出于一种本能的担心。老实说，担心使沙鼠干了大于实际需求几倍甚至几十倍的事。

据统计，一只沙鼠在旱季里需要吃掉两公斤草根，而沙鼠一般都要运回10公斤草根心里才能踏实。大部分草根最后都腐烂掉了，沙鼠还要将腐烂的草根一一清理出洞。

当莫名的恐惧来临的时候，我们是不是能够用心编织一只鸟笼困住它？当无端的担心充斥脑海时，我们是不是可以像从肩膀上卸下一包麻袋一样将它清除？

与其整日被多余的危机感折磨得脸色阴沉，何不向着太阳微笑？过多的忧虑，只会让本来枯燥的小日子变得更加忙碌忧愁，让本来无根的心变得更加漂浮不定。

8. 该来的早晚会来，不如坦然面对

知名主持人白岩松说：“走到生命的哪个阶段，都该喜欢那一段时光，完成那一阶段该完成的职责，顺生而行，不沉迷于过去，不狂热地期待着未来。生命是这样就好。”不管正经历着怎样的挣扎与挑战，或许我们都只有一个选择：虽然痛苦，却依然要快乐，并相信未来。

2016年年初，北京的房价又迎来了新一轮的疯涨。家住回龙观的王茹芝年前以209万的价钱将之前的两居出售，准备年后换一套大一些的三居。谁曾料想，仅仅过了两个月，她之前的房子现在市价涨到了250多万。而她之前看好的房子原本240万就可以拿下，现在却被炒到300万，还有一堆人疯抢。这一卖一买，就意味着100万打了水漂。

她有点受刺激了，十分懊悔郁闷。从此，不管见了谁，同事也好，朋友也罢，她都会凑上去念叨自己换房子的事情，说到痛处，她捶胸跺脚。开始还有人附和她、安慰她，听多了，别人就不愿意和她聊了。

她晚上的睡眠质量急剧下降，夜夜梦到房子，不是梦到原来的房子根本没卖，就是梦到自己提前买了新房子，醒来后又会陷入懊恼之中，以致整夜失眠。仅仅一个月时间，她体重骤减，人

变得憔悴不堪。

人生如一席无与伦比的盛宴，如果没有创伤、恐惧，我们就无从获得疗愈的机会；如果没有心魔的阻碍，心灵就无法变得更加强大。

有些事情无论再怎么规避也依然会发生。而在发生之前的日子里，我们是平静地等待它们的到来，还是在恐惧中等待它们的到来，完全取决于我们自己的心态。有些人对待重病就表现得很平静，他们觉得已经这样了，过多的担心只会让每天的日子更加的不安，与其那样，不如顺其自然，相信一切都会过去。

一位朋友在医院就诊时，被查出患结肠癌并转移至肝，且已到了晚期。医生断言他活不过1年。

如今已经过去了整整14个年头，他还活得好好的。问朋友是如何走过来的，他讲述了下面的经历。

刚刚查出此病时，坦白地说，打击是很大的，心爱的妻子一夜之间头发都白了许多。住在医院的高楼里，望着大街上的车水马龙，他想这些对自己来说都已没有意义了。因此，他万念俱灰，心里充满绝望。

一段时间后，他躺在病床上静下心来，扪心自问：如今，现实已经这样了，如果心理症状的恶化大于病理症状，只能导致身体免疫功能的进一步下降，使病情更加恶化。他只有抱着平静乐观的心态对待疾病，才能提高自己的抗病能力。再加上妻子的劝诚、亲友们的安慰，朋友突然间就觉得心胸开朗。心理上的症状一旦得以诊治，胃口就好了，睡觉也香了。

做第一次化疗时，化疗药水以极慢的速度点滴注入，时间长达12个小时。药水注入整个身体，他的体内犹如翻江倒海，恶心、呕吐，无法用言语表达。妻子让他把饭当作敌人消灭，然而他强行吃下后又吐了。吐了，再吃，不吃就没有抵抗力。最后他不再吐了，他终于做完了患病以来的第一次化疗。

他患病后坚持了半年，前后做了6次化疗，副作用一次比一次厉害，凭着坚定的信念他挺过来了。

现在许多朋友说他比患病前还硬朗呢。病后第三年，组织调他回宣传部上班，他每天都提着个中药瓶去单位，新同事们纳闷地问他这是什么，他说："里面装的是煎好的中药。"他觉得心理上没有压力，能这样工作着、生活着，也蛮开心的。俗话说得好："笑口常开，康复自在。"如今这位朋友已退休在家，安度晚年。

法国思想家蒙田说："如果容许我再过一次人生，我愿意重复我的生活。因为，我从来就不后悔过去，不惧怕将来。"每个人都会面临工作、事业、学习和生活上的压力，其中有些方面还会沉重得令人难以承受，只有定下心来，坦然面对，一切才会有转机。

该来的早晚会来，我们不用去催，只需要安心地等待就可以。佛曰："苍生难度。"难度的是人心，看不破原来一切皆为虚妄。其实只需看破、放下，就可得自在。道法自然，顺应而行；命运使然，万事流转。抿一口淡茶，安安静静。大自然按固有规律运行，不会改变，更不可更改。顺其自然，留一份淡泊，闲看花开花落云卷云舒，自在如是。

9. 每个人都会老，错过青春并不可怕

不少女性表示："一过30岁似乎老得特别快，看到自己的小肚腩和皱纹，就会万念俱灰。"当青春和激情渐渐远去，当眼角出现第一道鱼尾纹，双鬓出现第一缕白发，腹肌渐渐变成肚腩，很多人会紧张、焦虑，甚至害怕、恐慌。

时间如指间流沙，越想留住，越是散得仓促。不知不觉中，我们过了一个又一个年头。

时间让我们成长，也让我们的皮肤慢慢地变得松弛，让曾经明亮的大眼睛有了暗淡的黑眼圈，让以前黑亮的头发渐渐变得枯黄。每个人都想让青春留下来，但是时光不给我们这样的机会。我们在适当保养的同时，也要有顺其自然的心态。

有一位朋友今年45岁了，对自己年龄渐大、事业未成的境况，经常会产生悲观、消极的情绪。

朋友23岁大学毕业就来到这个单位，至今已经整整22年了，目前还只是个副主任科员。如果近一两年还提不上去，他很难再有什么机会了。

这种忧虑造成了他很大的心理压力。朋友越来越感到自己很没用，奋斗了大半辈子竟一事无成。

朋友最近睡眠很不好，只要一躺到床上，他就会胡思乱想，例如自己是否应该换个工作，或干脆辞职下海经商，或移民加拿大、澳大利亚，等等。他总是焦躁地想，再不改变，肯定坐火箭都赶不上他的同学，也赶不上这个消费日益高涨的时代了。他突然觉得自己在这个年纪，许多梦想已经远逝，没有实现的仿佛永远也不可能再实现。

有一天，一位同事借给他几本关于古代圣贤的书，他阅读琢磨了几个月，出现了一个明显的变化：不再抱怨年龄、职位这类事情了。同事们感觉很好奇，他这才说出其中原委。他看的书有《老子》《庄子》《孔子》等，里面讲的都是关于人生的故事和哲理。他慢慢地想通了，与其在恐慌、忧愁中活着，不如做好本职工作，空闲时间和家人待在一起，享受现在的好时光。

如果说出生和死亡是人生的两个端点，那么中间的线段就是我们变老的旅途。许多中年人面对日渐衰老的容颜、精力不济的体能，不由心生感慨：美好时光已经逝去，惋惜；凄凉晚景就要来临，无奈。于是，“变老的恐惧”成为心头挥之不去的阴霾。

美国哈佛医学院心理学助理教授埃伦尼·罗索夫斯基告诉

我们一些小方法，帮助我们“永驻青春”：第一，身体坐直。保持身体笔挺，会让你看上去更自信，更加富有朝气。第二，面带微笑。发自肺腑的笑容，不仅会用真诚感染周围的人，还能抹去年龄标签。第三，换个发型。一个新潮时尚的发型，会使人看上去顿时换个模样。第四，戒烟、少喝酒。吸烟喝酒这些不良习惯会加速身体的衰老，不如用健身、旅游等健康的生活方式替代它们。总之，拥有一颗年轻积极的心，生活会永远保鲜。

当然，岁月的洪流终会裹挟着我们奔向40、50、60、70……在时间面前，无论是家产万贯还是一贫如洗，每个人都是平等的。所以，不必怕，只需慢一点，享受当下的精彩，感受目前拥有的幸福。

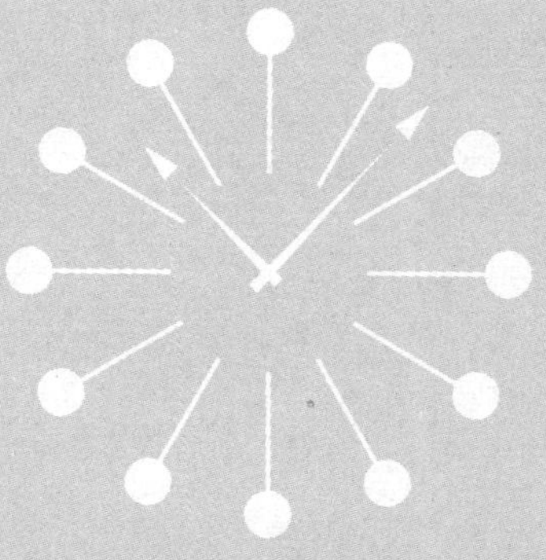

第3章 达观，迟早会看到你的未来

1. 谁的青春不迷茫
2. 要理想，不要幻想
3. 如果看不清未来，就做好现在
4. 给自己一个合适的定位
5. 以前没发现自己的优势，现在发现也不晚
6. 化解焦虑，排斥不如接纳
7. 多尝试几种工作，找到适合自己的
8. 不再纠结，从惶恐走向安定
9. 当苦难和煎熬过去，你将遇见全新的自己
10. 你觉得“无路可走”时，恰恰是一段新旅程的开始

1. 谁的青春不迷茫

作家刘同曾在他的作品中说过：“你觉得孤独就对了，那是让你认识自己的机会；你觉得不被理解就对了，那是让你认清朋友的机会；你觉得黑暗就对了，那是让你发现光芒的机会；你觉得无助就对了，那样你才能知道谁是你的贵人；你觉得迷茫就对了，谁的青春不迷茫？”

一个做教师的朋友讲了他的故事：

大学刚毕业，朋友被分配到一个偏远小镇当教师，工资低得可怜。其实他有着不少优势呢，教学基本功不错，还擅长写作。

于是，朋友一边抱怨命运不公，一边迷茫起来。这样一来，他不仅对工作没了热情，连写作也提不起兴趣。他整天琢磨着跳槽，幻想能有机会调到一个好的学校，拿一份优厚的报酬。

就这样，两年过去了，他的工作干得一塌糊涂。

然而，一件微不足道的小事，改变了他一直想改变的命运。

那天学校开运动会，这在文化活动极其贫乏的小镇，无疑是件大事，因而前来观看的人特别多，小小的操场四周很快围出一道密不透风的人墙。

他去晚了，站在人墙后面，踮起脚也看不到里面热闹的情景。这时，身旁一个很矮的小男孩吸引了他的视线。

只见这个小男孩一趟趟地从不远处搬来砖头，在那厚厚的人墙后面，耐心地垒着一个台子，一层又一层，足有半米高。不知道小男孩垒这个台子花了多长时间，不知道他因此少看到多少精彩的比赛，当小男孩登上自己垒起的台子时，冲朋友粲然一笑，那成功后的喜悦和自豪，是那样的清晰可见。

刹那间，朋友的心被震了一下——这是多么简单的道理啊，要想越过密密的人墙看到精彩的比赛，只要在脚下多垫些砖头。

从此以后，他把满腔激情投入到工作中，踏踏实实，一步一个脚印。

很快，他便成了远近闻名的教学能手，编辑的多本教材接连出版，各种令人羡慕的荣誉纷纷落到他的头上。业余时间，他不辍笔耕，散文、诗歌、杂文等文学作品频繁地见诸报刊，成了多家报刊的特约撰稿人。如今，朋友已被调至自己心仪的一所中专学校任职。

有时候，我们迷失了自己，不知道自己是谁，忘记了身处何地、欲往何方。

我们总觉得自己的付出得不到应有的回应，如泥牛入海；总觉得自己离成功的殿堂很远很远，没有过尽千帆的翅膀，只得仓皇逃离。因为迷茫而混沌，因为混沌而徘徊。

在漆黑的夜晚，一个人行走在山野间，需要巨大的勇气。因为最让人感到恐惧的，是无法看清前方的路。而当我们鼓起勇气，摸黑前行，最后拨开重云见月明，会发现其实并非如此恐怖。如果把漆黑的夜晚比喻成在人生路上所遇到的迷茫，如果我们能鼓起勇气继续前行，将会拔云见月，迷茫也会消失得无影无踪。

一个年轻人创立的公司度过了3年的生存期，不温不火。他非常努力地拓展市场，花很多心思吸纳人才，希望进一步提升产品研发能力。但很多投入还是像扔进水里的棉花团，一点浪花也不见。

“我对公司花的心血比对儿子花的还多，可它怎么就成长不起来呢？”年轻人既迷茫又郁闷。他是个敢拼敢闯的人，急性子，付出了就要看到回报。他的导师宽慰他：“你够努力的了，这3年一直都没日没夜地干，所以公司才能生存下来。”

导师接着又说：“客户认可你的产品需要一段时间，客户间的口碑相传也需要一段时间，在这段时间里你可以做些什么？”导师试图让他慢下来，他的思维迅速而缜密，马上罗列出了重点要做的几件事。导师感觉他对事情的把握非常准确，行动力也很强，仿佛一辆马力十足的跑车，奔驰在茫茫迷雾中，却始终没达到“心中的殿堂”。

导师继续说道：“假如你该做的都做了，还是没达到期待的目标，你会怎么看自己？”“蛮失败的，也很不甘心。”导师笑了：“这么轻易就给自己戴上‘失败者’的帽子？这只是暂时的挫折。在这3年多的创业历程中，你觉得自己有收获吗？”他愣了一下，似乎在体验新的思路——努力了，没结果；失败了，有收获。沉思半晌，他冷静地说：“我最重要的收获是，我把一些概念变成了产品，我们的产品对社会是有价值的。另外的收获是，我结识了一些志同道合的朋友，我们在一起经历了很多艰难和快乐。”

“也就是说，价值感和彼此的认同感是你最重要的收获。”导师缓缓地总结，“心中感念着这些，你走过了3年多，应该还能继续走下去，是吗？” 他点点头，长长地吐了一口气：“是啊，只要心里笃定，就能走得更久，最终实现心中的梦想。慢慢来吧……”

即使是一辆动力十足的赛车，装有精良的定位系统，赛车手经验丰富、方向清晰，但面对肆虐的暴雨、无际的沙漠、漫天的浓雾时，还是有可能会迷路，在艰苦而漫长的赛程中，赛车手既需要奋力拼搏，也需要停下来休息、思考。

同样，我们在追寻目标的历程中，或多或少总会遇到一些迷茫。在这段“慢下来”“不知所措”的时光里，我们可以好好地理清自己的思路，请教请教朋友，缓过一些时间，自然云开雾散。

2. 要理想，不要幻想

理想与幻想最大的区别就是是否付诸行动。行动了，幻想也就变成了理想；没有行动，理想便只是幻想。从本质上来说，所有伟大的理想主义者，都是杰出的践行者。

在远古的时候，有两个朋友，相伴一起去遥远的地方寻找人生的幸福和快乐。他们一路上风餐露宿，在即将到达目的地的时候，遇到了一条风急浪高的大河，而河的彼岸就是幸福和快乐的天堂。关于如何渡过这条河，两个人产生了不同的意见，一个人建议采伐附近的树木，造一条木船渡过去，另一个人则认为无论哪种办法都不可能渡得了这条河，与其自寻烦恼和死路，不如等这条河自然枯竭了，再轻轻松松地走过去。

于是，建议造船的人每天砍伐树木，辛苦而积极地制造船只，并顺带着学会了游泳；而另一个人则每天游玩和躺下睡觉，有时间会到河边观察河水流干了没有。直到有一天，已经造好船的朋友准备渡河的时候，另一个朋友还在讥笑他的愚蠢。

不过，造船的朋友并不生气，临走前只对他的朋友说了一句话：“不一定做每件事都能成功，但不去做则一定没有机会得到成功！”

能想到躺到河水流干了再过河，这确实是一个“伟大”的创意，可惜的是，这仅仅是个注定失败的创意而已。

这条大河终究没有干枯掉，而那位造船的朋友经过一番风浪，最终到达了理想的彼岸。这两个人后来在这条河的两个岸边定居了下来，也都繁衍了许多后代子孙。河的一边叫幸福和理想的沃土，生活着一群我们称之为勤奋和勇敢的人；河的另一边叫失落和幻想的原地，生活着一群我们称之为懒惰和懦弱的人。

很多中年人总是以一副曾经沧海的姿态来告诫年轻人．他们的经验证明生活是现实的，理想是会破灭的，然后列举、诠释他们生活中遇到的种种不完美和不幸。

曾经有一位65岁的老人从纽约步行去佛罗里达州的迈阿密市。经过长途跋涉，克服了重重困难，他到达了迈阿密。在那里，有几位记者采访了他。他们想知道：这路途中的艰难是否曾经吓倒他？他是如何鼓起勇气徒步旅行的？“走一步路是不需要勇气的，”老人答道，“我所做的就是这样。我先走了一步，接着再走一步，然后再走一步，我就到了这里。”

也许我们早已经为自己的未来勾画了一个美好的蓝图，但是它同时也给我们带来了烦恼，许多人迟迟不能将计划付诸实施，总是在寻找更好的机会，或者常常对自己说：留着明天再做。这些做法将极大地影响你的做事效率。

一位侨居海外的华裔大富翁，小时候家里很穷。

在一次放学回家的路上，他忍不住问妈妈：“别的小朋友都有汽车接送，为什么我们总是走着回家？”

妈妈无可奈何地说：“我们家穷！”

“为什么我们家穷呢？”

妈妈告诉他：“孩子，你爷爷的父亲本是个穷书生，经过十几年的寒窗苦读，终于考取了状元，官达二品，富甲一方。哪知你爷爷游手好闲，贪图享乐，不思进取，坐吃山空，一生中不曾努力干过什么，因此家道败落。

“你父亲生长在时局动荡的年代，总是感叹生不逢时，想从军又怕打仗，想经商又错失良机，就这样一事无成，抱憾而终。临终前他留下一句话：‘只想好事，是发不了家的。’

“孩子，家族的振兴就靠你了，干事情想好了、看准了，就得行动起来，抢在别人前面，努力地干才会有成功。”

他牢记妈妈的话，以10亩祖田和3间老房子为本钱，成为今天《财富》杂志“华人富翁排行榜”前五名之一。他在自传的扉页上写下这样一句话：“想到了，就是发现了商机；行动起来，就要不懈努力。成功仅在于领先别人半步。”

有些人常常将理想挂在嘴边，哀叹“理想很丰满，现实很骨感”。这是怯懦脆弱的表现，犹如朝露恐惧晨曦的到来会令其消逝在空气之中，而不是勇敢地迎接晨曦的降临，折射出太阳的光芒。

不知道理想为何物却以为自己拥有理想，是对理想的误解。正因为如此，有些人常常怀疑、迷惘、困惑和悲观，很大程度上，这是把幻想误以为理想了，若不能有清醒的认识，由此所作的一切都可称之为折腾，都将一事无成！这是既可怜又可怕的事，十分有必要清醒地认识到。

3. 如果看不清未来，就做好现在

现在和未来是两个相关的变量，如果我们现在在变，那么我们的未来也会跟着变。当看不清未来的时候，可以看清现在。只要尽力把现在这个变量做好，我们的未来就有了成功的根基。乔布斯说：“你不能预先把点点滴滴串在一起，唯有在未来回顾时，你才会明白那些点点滴滴是如何串在一起的。”

有一个年轻人毕业以后一直找不到理想的工作。他觉得怀才不遇，对自己的人生感到迷茫。痛苦绝望之下，他来到大海边，打算就此结束自己的生命。

这时，正好有一个僧人走过。僧人问他为什么要走绝路，他说自己不能得到别人和社会的承认，没有人欣赏并且重用他。

僧人从脚下的沙滩上捡起一粒沙子，让年轻人看了看，然后就随便地扔在地上，对年轻人说："请你把我刚才扔在地上的那粒沙子捡起来。"

"这根本不可能！"年轻人说。

僧人没有说话，接着又从自己的口袋里掏出一颗晶莹剔透的珍珠，也是随便地扔在了地上，然后对年轻人说："那你能不能把这颗珍珠捡起来呢？"

"这当然可以！"

僧人说："发光的珍珠在沙子里很容易找到，可是在没成为珍珠之前，它只是沙子。把自己脚下的路走好了，珍珠也就出现了。"

有些大学生不喜欢自己所学的专业，不知道自己将来的出路在哪里。考研吧，又不喜欢搞研究；跨专业考研，又不知换什么专业才是自己所喜欢的；出国吧，没钱，外语又学得不好；找工作吧，觉得就业很困难，找什么工作都是那么点工资，养不活自己。到底应该怎么办呢？不知道，便浑浑噩噩地过日子，毕业时无一技之长，结果可想而知。其实还不如静下来，学好专业课，积极参加实践，真正掌握一两项特长，这样，至少在大学毕业找工作的时候，选择的余地就会很大。

在公司中，有些员工不喜欢现在的工作，可是又不知道能做些什么，到哪里才能找到合适而又喜欢的工作，只是认为现在的工作没有前途、工资低、管理不正规、提拔的机会又很少。所以有些年轻人频繁跳槽，可换来的工作大多还不如以前的那份。其实，不如静下心来，踏踏实实地把手头的工作做好，争取做得比别人更好，也许还能获得加薪、提拔的机会。

有一个年轻人，他是搞动物学的，他研究的是一个非常冷门的方向：蟑螂。很少有人研究这种令人恶心的生物，所以他的工作一直不被人理解，甚至家人都嫌弃他。但是他就是对蟑螂特别着迷，天天与蟑螂为伴。

他职业生涯的前15年都非常低迷，生活也非常清贫，出版了不少书但无人问津，可他从来不气馁，也不后悔。他喜欢研究蟑螂，喜欢研究这种生命力顽强而又给人类造成巨大困扰的生物。直到十几年前，北京等大城市突然开始闹蟑螂，严重的程度简直令家家户户都谈蟑螂色变。

后来有人发现了有这么一个蟑螂专家，他出版过相关的著作，非常专业地讲蟑螂的习性、蟑螂的特点、如何防治和杀灭蟑螂，等等。于是他突然红了，上电视，录广播，接受采访，写专著，开公司……社会突然开始尊重这个本来令人人避而远之的蟑螂学家。他职业生涯的前十几年无人问津，孤独清苦；后十几年红透京城，身价倍增。

现在，他带领上百人的研究团队，主导着几十亿元规模的生物化学公司，出版了几十本著作，受无数人尊敬。当初他知道蟑螂会肆虐京城吗？当初他知道所有的辛苦都会得到回报吗？真的不知道。可以肯定的是，假如他当初没有坚定地做好研究工作，而是在别人的劝说下放弃了爱好，那么，他一定不会有今天的成就。

15岁时觉得游泳没有什么用处，就放弃游泳，到18岁时，遇到一个你喜欢的人约你去游泳，你只好说“我不会”；18岁时觉得又不出国学英语没什么用，就放弃英文，28岁时，出现了一个福利条件很好但要会英文的工作机会，你只好说“我不会”……人生前期越迷茫，越要把当下做好，为了以后明晰的时候可以不仓促应对，不然未来就可能错过让你动心的人和事，错过本可属于你的风景。我们必须为未来做好准备，做好现在。

古罗马作家泰伦提乌斯说：“由于你不可能做到你所希望做到的一切，因此，你就应当做到你能够做到的一切。”未来不能把握，但是我们能做好今天，去影响我们的未来。

应该积极主动地对自己的人生负责，每天都要在工作中进步，努力地把今天的事情做好。对待生活也是一样，能做的尽量提前一些做好，沉下心来，未来一定会有大的收获。

4. 给自己一个合适的定位

有人希望自己这辈子能成为亿万富翁，或者能成为历史巨人一样改变国家命运的人。但能做出惊天动地的事的人仅仅是万分之一或千万分之一，定位太高，就无处着手。虽说一切皆有可能，但也要给自己一个合适的定位，不同的阶段也要有不同的定位，未来才能更加清晰和切实可行。

几个人在岸边垂钓，旁边有几名游客在欣赏风景。只见一名垂钓者把鱼竿一扬，钓上了一条大鱼，足有三尺长，落在岸上后，仍腾跳不止。可是钓者却解下鱼嘴内的钓钩，顺手将鱼丢进海里。

围观的人响起一阵惊呼，这么大的鱼还不能令他满意，可见垂钓者雄心之大。

就在众人屏息以待之际，钓者又是一扬鱼竿，这次钓上来的是一条两尺来长的鱼。钓者仍是不看一眼，顺手扔进海里。

第三次，钓者的钓竿再次扬起，只见钓线末端钩着一条不到一尺长的小鱼。围观众人以为这条鱼也肯定会被放回，不料钓者却将鱼解下，小心地放回自己的鱼篓中。

游客们百思不得其解，就问钓者为何舍大而取小。

想不到钓者的回答竟然是："噢，没什么。只因为我家里最大的盘子不过才一尺长，太大的鱼拿回去，做熟之后盘子装不下，自己也吃不完。”

不同的年龄阶段要有不同的人生定位。20岁时是刚走上社会的阶段，需要的是孜孜不倦地充实自己。这时刚刚步入社会，所有的是书本知识，其他的可以说都是空白，需要多学多看多思。这个时期定位的是实践，向不同的人学习各种不同的知识。

30岁是付出的阶段，需要的是奋斗。了解了所处的环境，确定了自己的位置，树立了自己所能达到的目标，接下来就要付诸实践。所需的是学会把握机遇，不断地用行动去证明自己，展示自我，要有“乘风破浪会有时，直挂云帆济沧海”的气慨。

40岁、50岁则是收获的年龄，“天地转，光阴迫，一万年太久，只争朝夕”。你的付出，应该有回报，你可以根据你付出的多少去采摘自己种下的果实。

60岁就应该放慢脚步，回首几十年，该是“欲说还休，却道天凉好个秋”的景况了。你可以“一把椅子一杯茶，手敲键盘闯天涯”，学会品味快乐的生活。

朋友曾在一家公司工作，后来公司倒闭，只得重新找工作，可是找了半年，依然待业。

父亲问他：“这半年里，难道就没有一家公司愿意录用你？”他说：“工资太低了，月薪大多只有2000多元。”父亲说：“2000就2000吧，先干起来再说。”

朋友说：“那怎么行？原来那家公司月薪是3000元，一定要找一份月薪不低于3000元的工作。”父亲笑一笑说：“跟我去卖一天菜吧。”

他和父亲卖的是花菜，在市场上一摆开，就有一个中年妇女来问：“这菜怎么卖？”父亲说：“1块钱1斤。”中年妇女说：“人家的花菜最多9角钱1斤，你怎么要1块钱1斤？”父亲说：“我家的花菜是全市最好的。”中年妇女撇撇嘴，连价也不还就走了。

朋友家的花菜确实是全市最好的，卖1块钱1斤也合情合理。可是一连几个人来问价后，都不买。朋友有点儿着急了，就对父亲说：“要不，咱们也卖9角钱1斤吧？”父亲说：“急什么？我们的花菜这么好，还怕没人买？”

说话间，又有一个人来问价了。父亲依然说1块钱1斤。这个人实在喜欢朋友家的花菜，就是嫌太贵了，他软磨硬泡，一定要父亲减一点儿，可父亲就是不松口。那人最后说：“减5分，9角5分钱1斤，我全要了。”

父亲说：“少1分不卖。”那人叹了口气，走了。

天快黑时，一个老头问：“一堆1块5，卖吗？”父亲问儿子：“卖不卖？”儿子没好气地说：“反正不值钱了，卖了吧。”

回家的路上，他埋怨父亲说：“早上人家给9角5分1斤你为什么不卖？”父亲笑笑说：“是呀，那时候出手该有多好，可早上总以为自己的花菜值1块钱1斤，就像你总以为自己的月薪必须得3000元以上一样。”

第二天，朋友就到一家公司上班去了。

许多人一提到创业便激情高涨。有个朋友是做快餐生意的，创业初期用工四五个人。问他今年怎么计划的，他说："今年努力做，争取3年之内开20家分店，保证市中心1000米范围内有自己的一家店。"结果半年未到，饭店投入的20万元仅剩下9万元，草草收场。这时他说："我以前把事情想得太美了，以为满大街的钱都是自己的。"其实，是他在未来面前迷茫了，定位出了问题，第一个小店都没经营好，贪大求多，不赔才怪。

无论是不同的年龄阶段，还是不同的事业阶段，把定位定好了，前面的路自然就清晰了，看未来也就不再迷茫了。

5. 以前没发现自己的优势，现在发现也不晚

我们不知道自己是适合做销售还是做行政，是从事财务行业还是房地产行业，于是迷茫了。究其原因，是没有发现自己的优势。我们首先应该知道自己的优势是什么，之后要做的则是将自己的生活、事业发展都建立在自己的优势之上，这样才会成功。总之一句话："是兔子就在大地上跑，是鸭子就下河去游泳！"

春秋时期，齐桓公打算通过增加税收来充实国库，强军立国，称霸诸侯。

为此，齐桓公打算对房屋进行征税，遭到相国管仲的否决：“这就等于是叫房屋涨价，让大家都住不起。”

齐桓公打算对山上的林木征税，也遭到管仲的否决：“这就等于是在鼓励大家赶紧砍树，造就荒山秃岭。”

齐桓公打算对牲畜征税，仍然遭到管仲否决：“这就等于滥杀牲畜，不让它们正常地繁殖。”

齐桓公打算征收人头税，依然遭到管仲否决：“这就等于让人们故意隐瞒人口的真实数字。”

收这个税也不行，收那个税也不行，齐桓公迷茫了，不征税，怎么能充实国库，强军立国，称霸诸侯？

管仲听了，不慌不忙，说了这样一句话：“那是大王没有发现我们齐国的优势是什么，唯官山海为可耳。”

原来，齐国在今天的山东靠海一带，土质碱性，不适宜农耕，如果和其他诸侯国一样去拼农业，则处于劣势，毫无竞争力。但因为靠海，先天的渔、盐资源非常丰富，这种优势是别的诸侯国所不具备的。盐，作为生活的必需品，谁都少不了。管仲主张利用这一自然资源优势，由国家控制食盐专卖，通过商业活动从中征税，而不用直接向老百姓征税，自然也不会加重百姓负担。

齐桓公接受了管仲的主张，实行食盐专卖，控制了食盐流通的各个环节，大大降低税率，成为税率最低的国家，吸引了大批各国商人跑来齐国投资盐业，同时提高盐价，让各国商人把齐国的食盐运往各国。就这样，各国的钱币也就潮水般涌入齐国。齐桓公大赚了各诸侯国的巨额财富，却没有向本国国民多要一分钱，一举成为春秋五霸之首。

成功的诀窍就是善于发现自己的优势，经营自己的长处。富兰克林说："宝贝放错了地方便是废物。"就是这个道理。在人生的坐标系里，一个人如果站错了位置，用他的短处而不是长处来谋生的话，会走许多弯路，异常艰难，可能会在长久的卑微和失意中沉沦。

爱因斯坦在20世纪50年代曾收到以色列当局的一封信，信中邀请他去当以色列总统。爱因斯坦是犹太人，若能当上以色列的总统，在一般人看来，自是荣幸之至了。但出乎人们意料的是，爱因斯坦竟然拒绝了。他说："我整个一生都在同客观物质打交道，既缺乏天生的才智，也缺乏经验来处理行政事务以及公正地对待别人。所以，本人不适合如此高官重任。"

大文豪马克·吐温曾经经商，不仅把自己多年用心血换来的经费赔了个精光，还欠了一屁股债。妻子奥莉维亚深知丈夫没有经商的本事，却有文学上的天赋，便帮助他鼓起勇气，振作精神，重走创作之路。马克·吐温终于摆脱了失败的痛苦，在文学创作上取得了辉煌的业绩。

发现自己的优势的前提是对自己的各种能力进行分析。心理学认为，能力是成功地完成某种活动所必需的个性心理特征。能力有多种划分方法，按照它的功能主要可以分为三种：认知能力——学习、研究、理解、概括和分析的能力，包括学习能力、记忆力、分析能力等；社交能力——人们在社交活动中表现出来的能力，包括沟通能力、组织能力、适应能力等；操作能力——操纵、制作和运动的能力，包括动手能力、运动能力等。

分析出自己的优势后，就要去做。要想成功，必须善于扬长避短。研究者发现，尽管路径各异，但成功都有一个共同点，就是扬长避短。传统上我们强调弥补缺点，纠正不足，并以此来定义“进步”。而事实上，当人们把精力和时间用于弥补缺点时，就无暇顾及增强和发挥优势了；更何况任何人的欠缺都比才干多得多，而且大部分的欠缺是无法弥补的。

因此，认清自己的优势相当重要，即使它不怎么特殊，也可能是你改变命运的一大财富。选择职业同样也是这个道理，你无须考虑这个职业能给你多少钱，能不能使你成名，重要的是，你应该选择最能使你全力以赴、最能使你的品格和优势得到充分发挥的职业。把自己安排在合适的位置上，经营出有声有色的人生，就像爱因斯坦那样专心于科学研究，像马克·吐温那样孜孜不倦地写作。

6. 化解焦虑，排斥不如接纳

网上流行的“神曲”《忐忑》为何会有那么大的影响力？它是歌手用歌声表达自己的情绪，表达出最原始的忐忑、不安、彷徨的心态，唱出了人的某种潜意识，对焦虑没有刻意排斥，而是主动接纳。

两个石匠在山下挥汗如雨地工作。恰巧，有一位哲人途经此地。

哲人问其中一个石匠：“你不觉得做石匠非常辛苦吗？”

那个石匠点了点头，一脸无奈地说：“是的，我每天都要面对一些毫无生命的石头，非常的枯燥无味。为了完成一件雕塑，有时不知要磨坏多少根铁锥。”说着，他就伸出满是老茧的手掌给哲人看。哲人同情地望了他几眼。

哲人又走到另一个石匠身边问：“你不觉得做石匠非常辛苦吗？”

那个石匠送给哲人一个憨厚的微笑，说：“累是累了一些，但是我能用手中的锤子和铁锥赋予那些石头以生命，感到很快慰。当我雕刻出的那些作品被运送到很远的城市摆放时，会有许多人看到我的作品。这是一件非常有趣的事情，我也为此而感到自豪！”

听了之后，哲人拍了拍那个石匠的肩头说："幸运之神也会为你感到自豪的！"

许多年以后，第二个石匠成了一位远近闻名的雕刻师，他的每一件作品都能卖到很高的价钱；而第一个石匠，仍然在愁眉不展地做着与从前毫无分别的工作。

焦虑情绪人人难免，儿童时期没有安全感，青少年时期焦虑着未来，中年时期为家庭与事业焦虑，老年时期对死亡焦虑。可以说，焦虑感其实伴随着人的一生。

心理专家表示，可以试着与焦虑做朋友，"如何对待朋友，就怎么对待情绪"。不要赶走它，而是体验它、感受它，以积极的方式表达情绪，尽量写下来、说出来。

积极的方式还有很多，例如站在镜子前，观察镜中的自己，瞳孔和五官有无变化？脸色有没有改变？手心在微微出汗吗？这种表达与宣泄不同。宣泄是一种比较简单、原始的表达方式。

睡不着觉就起身看看书、做点慢运动，这就是一种接纳，也有助于减轻焦虑。这些积极的方式带来的就是：逐渐化解焦虑，渐渐地与它成为朋友。

有这样一个寓言故事：

死神平静地对一个老镇长说："尊敬的镇长，我非常理解你的心情，但是，我也明确地告诉你，我从来都是非常守信用的。"

“你守信用？你昨天告诉我说你要带走100个亡灵，可现在呢？整整死了1000多人！”老人生气地怒斥道，“这难道就是你的守信之道吗？”

的确，在天刚亮的时候，噩耗便一个接一个地传来，这里死了几十个人，那里死了上百个人。资料一份接一份地报到老镇长的手中，经过汇总，老人震怒了，竟然死了1000多人，于是他就来找死神讨个公道。

死神看了看老人，依旧平静地说：“我带走的数目，就是我昨天跟你说的，这你不用怀疑。然而，一些人由于恐惧和焦虑过度，他们被我的朋友——恐惧和焦虑带走了。”

是的，恐惧和焦虑确实是死神的朋友。

负面情绪总是会伴随人的左右，如果我们害怕负面情绪，就会被负面情绪所控制，越害怕它越纠缠；与其如此，倒不如坦然面对，与焦虑等负面情绪做朋友，甚至可以利用负面情绪的能量，激发我们的爆发力和创造力。

很多时候，我们因为一些不可改变的事而烦恼、恐惧和焦虑，这往往会给我们不好的现状雪上加霜，内心对一件事情的恐惧和焦虑会压垮我们。我们必须学会以平和、从容的心态去面对一些我们不能掌握，或者已经发生的事，坦然接受它们，进而积极地面对未来，努力改善自己能改善的。

让躁动的心沉静下来，多想想让自己快乐的事，多做一些让自己心安和自己力所能及的事，让自己的身心安静下来，这样我们才会觉得人生其实不是那么可悲，人世间其实不是那么凄凉，才可以体味到被我们忽略了的阳光和温暖。

7. 多尝试几种工作，找到适合自己的

从职业发展的阶段来说，大致可以分为尝试期、发展期、成熟期、顶峰期、夕阳期五个阶段。尝试期在20～30岁，发展期在30～40岁，成熟期是在40～50岁，50岁是职业生涯发展的顶峰时期，到了60多岁自然是夕阳西下了。

一个经理讲了一个员工应聘失败的例子。

有一次，一个名牌大学的研究生来应聘我们的公关企划部部长，他是学软件工程专业的。那个小伙子长得不错，将近1.8米的身高，很阳光，个人素质也很好。他研究生毕业后去了一家稍微有点规模的IT企业，因为他对软件的了解还不够，就没有做技术，而是从事管理，后来做到了总经理助理，主管行政和企划。工作5年后，他的薪水也就是6000元左右，他在公司的发展受到了一定的局限。

在面试的过程中我了解到，他之所以应聘我们的公关企划部部长，只是因为这个职位给的薪水还可以，而不是因为他喜欢这

样的工作。

后来我帮助他分析，依照他的素质和职业兴趣，如果选择得当，几年后应该会有很好的发展。但是我们公司公关企划部部长的职位并不适合他，如果我们聘用了他，不但会耽误企业的发展，而且也会耽误他本人的发展。我帮助他分析以后，他恍然大悟，对我十分感谢。

后来，他经过认真思考，及时修正了自己的职业道路，目前获得了不错的发展。

毛主席说：“你要想知道梨子的滋味，就只有自己亲口尝一尝。”一个人的能力是多方面的，一个人的长处也不只一个，一个人的发展不可能完全受外界的限制，自己到底适合做什么，现在自己干得还行的工作到底是不是你最喜欢的，只有尝试一下别的工作才知道。安于现状，不想进行尝试，你就很难知道其他事业的滋味。

尝试期的状况往往决定着我们的一生，在尝试期从事的行业往往是我们今后一生所从事的，尝试期形成的经验、理论和思想往往对我们以后的职业生涯有很大的影响。

实践也是一个尝试对错的过程。很多人都会疑惑：这样做对不对？万一不对怎么办？其实在我们的职业生涯中，我们不论做出什么样的选择，身边的人尤其是你的父母兄弟、亲朋好友可能都会说：“你这样做，万一失败了怎么办？”

因为根据以前的知识、别人的经验、大家的认识，这样做失败的可能性是很大的。可是正是因为大家都有这种害怕失败的心态，你才更加应该去尝试。为什么会有这种心态呢？就是因为看不准。既然都看不准，那么除了尝试，别无他法。只有做了，才知道到底对不对；不做，就只是空谈。

有两个小和尚去摘山里种的桃子。因为种的桃树相隔距离太远，他们只摘了两个半布袋，就不得不往回赶。

师父知道两个小和尚一时半会儿回不来，就虚掩了门睡觉。他们回来时，看见门关了，想敲门，又怕打扰师父休息。其实师父并没有睡着，但是也没有吭声，想看看他们到底怎么办。只见他们用树枝捅门闩，没有捅开。

后来他们拿来凳子，爬上去打开门上的亮窗，伸一根棍子进来，想撬开门闩，但还是没能成功。种种办法都使尽了，仍然不能成功。

两个小和尚有些气馁了，往地上一坐，把布袋往门旁边一扔。由于口袋没有系结实，几个桃子蹦到门上，这时门吱扭一下开了。

师父起身，看看两个小和尚，不语。

正确的做法是边尝试边思考，边思考边尝试，从实践中来，到实践中去。有些人在年轻时就放弃了大胆尝试，静等着事情的发展而无所作为。其实要想取得成就，就必须进行多方面的尝试，而不要还没有尝试就先放弃。

在现实生活中，有时候我们“看着黑”，但是走下去却发现“未必如此”，往往是走到黑暗“近”处的时候，就会发现，原来这里并不太黑，甚至根本就是“亮”的。这不仅是自然界的一种情形，在我们的事业、爱情、家庭、金钱和人际关系等方面也是如此。坐在那里想，越想越可怕；坐在那里看，越看越黑暗。如果我们能够尝试着向前走，不畏艰难和黑暗去进行尝试，我们就会发现，其实并没有多么可怕的问题。

8. 不再纠结，从惶恐走向安定

人生本过客，何必千千结。愁金钱、愁事业、愁爱情、愁面子……愁有何用？想拥有就去努力，努力过后就别在乎结果。成功是付出后的收获，失败也是正常的人生历练。而所有的功名利禄实际是早早晚晚的一场云烟，真正拥有的是自己的心情，为什么不能释怀，空妄折磨自己。

有位小和尚刚刚遁入空门时，寺里的住持让他做了个谁都不愿做的行脚僧。

每天他都很勤奋地做着住持交给他的工作，两年的时间内从来没有一次让住持对他的工作觉得不满。可是他一直想不明白，为什么别人都在做很轻松的活，而自己却一直做寺里最苦最累的工作，而且一做就是两年。

一直以来，他都不能接受，他认为自己很委屈，觉得住持分配得一点都不公平。

有一天，已经日上三竿了，小和尚仍未起床。住持觉得纳闷，便到小和尚的寝室里巡视。

住持推开房门，只见床边堆了一堆破破烂烂的草鞋。住持叫醒小和尚，说："今天你不出外化缘吗？床边堆的这些破草鞋是用来做什么的？"

小和尚打了个哈欠说："这些是别人一年都穿不破的草鞋，如今我剃度两年了，就穿破了这么多鞋，今天我想为庙里节省一下鞋。"

住持听了之后，笑了笑对小和尚说："昨夜外头下了一场雨，你起来陪我到寺前走走吧！"

昨夜的一场雨，使寺前的黄土坡变得泥泞不堪。

住持忽然拍了拍小和尚的肩膀说："你是要当个只会撞钟的和尚，还是想成为能发扬佛法、普度众生的名僧？"

小和尚说："当然是发扬佛法的名僧啊！"

住持一笑，接着说："你昨天有没有走过这条路？"

小和尚说："当然有！"

住持又问："那么你现在找得到自己的脚印吗？"

小和尚不解地说："昨天这里原本是平坦、坚硬的道路，今天变得如此泥泞，小僧如何能找到自己的脚印？"

住持又笑了笑，说道：“那我们今天在这条路上走一回，你能找到你的脚印吗？”

小和尚自信地说：“当然能了！”

住持笑着没有再说话，只是看着小和尚。小和尚愣了一下，马上明白了住持的教诲，开悟了。

纠结多发生在思想包袱很重的人身上，他们总是很敏感，总是思前想后的，想得很多。很多时候，他们也很想果断地做一件事情和一项决定，但由于内心的某些原因，总是不能果断。

内心纠结，是因为心中有所顾忌，才思前想后不能做出决定。它就像一条高速路上的一块巨石，阻断了我们前进的道路，如果想要继续前进，我们的办法可以是绕开，也可以是把巨石搬开。既然决定要搬开前面的巨石，就不要犹豫不决，犹豫的时间越长，后面的“负担”就会越聚越多，到最后你会被逼产生放弃的念头。而向巨石低头，永远停留在巨石面前，不能前进半步，你就会变得越来越纠结。

有一个小和尚，每天清晨都要去担水、扫地；做过早课后要去寺后的市镇上购买寺中一天所需的日常用品；回来后，还要干一些杂活；晚上还要读经到深夜。

有一天，小和尚发现别人都比他过得清闲。虽然别的小和尚偶尔也会被分派下山购物，但他们去的是山前的市镇，路途平坦，距离也近，买的东西也大多是比较轻便的。而10年来，方丈一直让他去寺后的市镇，要翻越两座山，道路崎岖难行，回来时肩上还多了很重的物品。于是，小和尚带着诸多不解去找方丈，问：“为什么别人都比我自在呢？为什么没有人强迫他们干活读经，而我却要干个不停呢？”方丈微笑不语。

第二天中午，当小和尚扛着一袋小米从后山走来时，日已偏西，前面出现了几个小和尚的身影。当双方都看到方丈时，一下子愣住了。方丈问那几个小和尚：“我一大早让你们去买盐，路这么近，又这么平坦，怎么回来得这么晚呢？”

几个小和尚说：“方丈，我们说说笑笑，看看风景，就到这个时候了。10年了，每天都是这样的啊！”方丈又问那个小和尚：“寺后的市镇那么远，翻山越岭，山路崎岖，你又扛了那么重的东西，为什么回来得还要早些呢？”小和尚说：“我每天在路上都想着早去早回，由于肩上的东西重，我才更小心去走，所以反而走得稳走得快。10年了，我已养成了习惯，心里只有目标，没有道路了！”

方丈闻言大笑，说：“道路平坦了，心反而不在目标上了。只有在坎坷的路上行走，才能磨练一个人的心志啊！”

几个月后，寺里严格考核众僧，从体力到毅力，从经书到悟性，面面俱到。小和尚由于有了10年的磨炼，在众僧中脱颖而出，被选拔出来管理寺庙。

金钱没了，生命还在，只要你不倒下，一切都可以重来，生命就是一场变幻莫测的颠簸，谁也无法左右；爱情走了，还有下一场花开，真心付出就无怨无悔，曾经的美好是金钱买不到的回忆；身体残了，心还跳动着，别在命运面前低头，懦弱给谁看？谁的可怜你的目光能养活你？

不是人人都能来到这个世界上，既然来了就不做懦夫，好好活一场，经历风雨也不要在乎。如果你一无所有，那么拥有云淡风轻的心情就足够了；如果你有情有爱有亲人，那么就珍惜所有，奔波和忙碌也是一种幸福。

9. 当苦难和煎熬过去，你将遇见全新的自己

如果我们处于苦难和煎熬之中，那就证明我们已经得到了上帝的垂青，将获得一次改变自己的机会。如果我们已经取得了成功，我们要由衷感谢的不是幸福，而应该是苦难。正是因为有了苦难和煎熬，我们才能实现生命的蜕变。

大学毕业后，她只能靠打零工糊口。一次，她去寻找大学时的男友，却未能找到，只好乘车返回。40分钟的路程她一直望着窗外一成不变的英格兰乡村景色发呆、幻想。她是爱幻想的人，当她看着窗外那可怜的、黑白花奶牛时，她想到有一列火车载着一个男孩去巫师寄宿学校的情景。突然，一个灵

感一闪：一个小男孩在得到魔法学校邀请前，不知道自己是个巫师。她浮想联翩，兴奋异常。

那个晚上她没有带笔，也没有带纸，她很失望，只好闭上眼睛，把浮现在脑海中的每个想法和细节都记住。回到房间后，她迅速潦草地把在火车上想到的故事写在一个廉价的小本子上。很快，这样的小本子就装满了一鞋盒。

后来，她结了婚。最终丈夫抛弃了她，她带着出生仅4个月的女儿被赶出了家门。她在妹妹的帮助下，靠政府的租房补贴租赁了公寓的一间卧室。她便在厨房的桌子上完成了第一部作品的手稿。

她妹夫的公司在市中心购买了一家咖啡馆，她便每天前往。咖啡馆的员工见她一个小时或两个小时才喝一杯咖啡，都很同情她。也许是命运的某种指引，隔一条街就有一条路名叫波特路，于是，她把小说的主人公定名为“哈利·波特”。

她每天推着女儿杰西卡出发，走半个小时的路，来到市中心，再推着她前往咖啡馆，艰难地登上通往二楼的20个台阶，找一个安静的角落，在女儿熟睡的时候，专心写作。

就这样，1997年6月，她的第一部作品出版了，一问世就引起了世界轰动。她就是英国畅销科幻小说《哈利·波特》系列作品的作者J.K.罗琳。她最爱说的话就是：“人生就是受苦。”尼采说：“受苦的人，没有悲观的权利。”是的，把痛苦当作一种营养，去浇灌坚韧与执著，人生之树就一定会茁壮成长，枝繁叶茂，开花结果。

海涅面对手足瘫痪、视力极弱的人生绝境，信念不倒，笔耕不辍，吟唱出誉满人间的不朽诗篇；音乐巨匠贝多芬面对双耳失聪的人生厄运，告诫自己要扼住命运的咽喉，演奏出了辉煌的命运交响曲。在绝境中，成功者往往会突破思想的樊篱，超越世俗常规，书写连自己都不曾想过的神话。

巴尔扎克说："绝境是天才的进身之阶、信徒的洗礼之水、能人的无价之宝、弱者的无底深渊。" 假如人生没有磨难，其本身就是一种灾难。假如大家都长期生活在一帆风顺、无忧无虑的环境中，淘汰不了劣者，筛选不出强者，人类就不会进化，社会也不会向前发展。

我们每个人认真审视自己的内心，总会欣然发现，点燃自己灵魂之光的，往往正是一些当时被视为磨难和困苦的境遇或事件。完美的人生，真的需要历练。所以，从某种意义上不得不说：苦难是上帝馈赠给人类最好的礼物！

她4岁时得了肿瘤，11岁腿上长脓肿，12岁时脊柱侧弯，13岁在脊椎里埋植了两根钢条。之后她又因为颈部椎间盘突出、肩膀二头肌腱炎等经历了多次手术。至今她都不能弯腰，也无法像其他女人一样风情万种地扭动身体……

13岁时她第一次做脊椎手术，在背部植入了金属钢条和支架。

从那以后，她便开始蓄起了长发，不为别的，只为遮盖手术后背部的伤疤。"伤疤不会消失，它一直在那里，它是我的弱点。"她每每想到自己的伤疤，都会情绪低落。

然而，就是这个对自己的伤疤讳莫如深的人，却做出了一个惊人的举动。一个世界闻名的时尚杂志推出了一系列明星们的最新写真，她终于不再为自己动过手术的身体而难堪，一袭黑色长发悄然挽起，她大胆地向世人展示了她的伤疤。

当记者问她为什么有勇气将自己的伤疤暴露给大家看的时候，她说："每个女人都会有自己的伤疤，有的在身体上，有的在心里。苦难并不可怕，如果你驾驭和征服了苦难，苦难就会是一条项链，使你变得更美丽。"

她就是深受球迷喜爱的女子台球世界冠军——珍妮特·李。

1994年，她赢得巴尔的摩锦标赛、华盛顿锦标赛两项八球比赛冠军后，又接连捧回一座座花式九球奖杯。1996年赢得年度WPBA冠军，排名世界第一。作为一名亚裔台球选手，这项荣誉来之不易。如今，她已是女子花式九球项目的世界级偶像和符号。她因不顾一切吃掉对手的犀利球风和在赛场上通常只穿黑色服饰的习惯，而赢得了"黑寡妇"的绰号。

黑色让她美丽，而苦难让她超越了美丽。"我现在的气质和性感，都来自于艰苦的台球训练，它是一种感性的、技术的、有风度的运动，我喜欢，所以我一直做到现在。"她说道。

丘吉尔在自传中这样写道："苦难是财富还是屈辱？当你战胜了苦难时，它就是你的财富；可当苦难战胜了你时，它就是你的屈辱。"

一位诗人的妻子受到这样的训诫："你的夜莺已在你制造

的幸福中沉默了。虐待他吧，给他痛苦，让他重新唱出美妙的歌声。”这毕竟是戏谑之言。但在苦难中，你确实会涉足从未涉足过的人生领域，远离浮华，思考从未思考过的问题，开掘潜能，尝试新的活法。你会发现：原来自己可以做过去认为根本做不了的事情。也许，你会依托苦难，闯出一片崭新的人生天地。

10. 你觉得“无路可走”时，恰恰是一段新旅程的开始

瀑布是在没有退路的时候形成的，繁星是在黑夜到来后灿烂的。生活的道路不可能永远是坦途，必然会遇到很多的困境，甚至人生绝境。如果换个角度去思考，你就会发现，这一切都是天边的浮云，只是暂时遮住了人们的眼睛。

大海边，一家渔民陷入了绝境之中。严冬来了，海风掀翻了他们的渔船，又恰好赶上渔夫患上重感冒。天寒地冻，债主上门，他们该怎样渡过这个难关呢？

一向乐观豁达的渔夫第一次沉寂了，脸上写满了无奈与悲伤。

那时，渔民的儿子才16岁。穷人家的孩子早当家，16岁的儿

子清楚地知道自己的家庭正处于绝望之中。“你们别怕，我有办法。”儿子说完这话，喝下三大碗热粥，出发了。他在肩头挑上两只鱼篓，信心百倍地奔向大海。

没有渔船，没有渔网，怎样打鱼啊？只见这个16岁的少年，迎着刺骨的寒风，脱光了衣服，一头扎进了如冰的海水中。

这时奇迹出现了：成群结队的尖尖鱼向孩子的身边靠来，它们钻进他的腋窝处、腿弯里，在孩子的躯体周围徘徊。孩子咬着牙，轻而易举地便将尖尖鱼装满了两鱼篓。

原来，这海里生活着一种尖尖鱼，每当寒潮来时，它们有很强的趋热性。孩子正是利用自己温热的身体，吸引了大量的尖尖鱼……

面对人生中的困难，只要我们咬紧牙关，坚持一下，就会柳暗花明，出现另一番景象。马克·吐温在股票交易中损失惨重，一下子跌进贫穷的深渊，从衣食无忧到潦倒寒酸，他并没有泄气。他开始节衣缩食，勤奋写作，期望能依靠赚取的稿费偿还债务。他的朋友们为了帮助他渡过难关，组织募捐，许多人纷纷解囊，一些大公司、大财团更是不惜出巨资想雇用他终身写广告词……他一一拒绝了这些难得的机会，把自己关在书房里，一个月、两个月，一年、两年，日复一日，年复一年，他紧咬着一个信念，随着一本接一本的著作问世，他很快就偿还了所有债务。

从山巅到崖底，从繁花到冷雪，从平川到绝壁……变幻的人生将一些绝境横亘面前，也将人性推上验证的崖头。从古至今，由中到外，一个个传奇故事向我们揭示着一种情境：在沉浮荣辱的大关口，坚韧的人性之美最能折射出希望所在。绝境处可以粉身碎骨，绝境处也可以飞珠溅玉。

世人没有绝对的缺点，世上也没有绝对的绝境，同一种情况，从这个角度去看是缺点、绝境，但换一个角度去看，或许就能发现转机。

有一个青年，大学毕业后只身来到一座陌生的城市打工。盘缠用尽了，举目无亲，房东又天天催讨房租。虽然有一家单位已经决定聘用他，但是，哪家单位愿意将工资预付给一个尚未开始工作的人呢？

一个星期天，青年拖着沉重的双腿来到了一家废品回收公司。看着那些成堆的纸片、饮料盒子……青年红着脸向老板问了问那些废品的价格。

他找来一只破麻袋，毅然走上了大街拾荒。忍受着人们的白眼，经受着风雨的洗礼，他走过城市的每一个角落，捡拾着废品，也积攒着对未来生活的渴望，积攒着在这个陌生城市继续生活下去的决心与力量。

当他从废品店老板手里接过在这座城市掘到的“第一桶金”时，青年的眼眶潮湿了，他想到上学时学过的诗句：“山重水复疑无路，柳暗花明又一村。”

并不是失败者天生就比成功者差，而是在逆境或绝境中，成功者比失败者多了一分忍耐，多思考了一个问题，多走了一步路，在不断的努力中，成功者多了一份坚强、一条途径、一次机遇。而失败者在逆境中怨天尤人，在绝境中慨叹命运不济，最终放弃了改变命运的努力。绝境可以是你错误想法的结束、正确做法的开始。走出人生绝境，就会迎来人生佳境，多一次逆境，就多一份成熟，多一份感悟；多一次绝境，就多一次机遇，多一次超越。

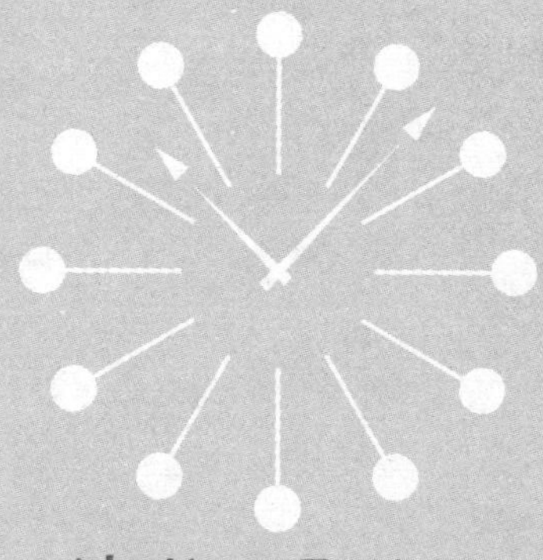

第4章

追梦，不要害怕成功来得太迟

1. 不要让你的梦想只停留在想的阶段
2. 即使是不成熟的尝试，也胜于胎死腹中的策略
3. 急功近利，只能欲速而不达
4. 即使你失败了99次，你还可以去赢第100次
5. 只要受得了冷落，失败就是件好事
6. 再冷的石头，坐上三年也会变暖

1. 不要让你的梦想只停留在想的阶段

富兰克林·费尔德说：“成功与失败的分水岭可以用5个字来形容：我没有时间。”许多人总是有很多时间去做白日梦，却没有时间去尝试和努力。与其以没有时间为借口，不去实施自己的梦想，不如承认自己是位梦想的失败者。

有两个年轻人去求助一位老人，他们询问一个相同的问题：“我有许多理想和抱负，不知道何时才能实现？”

老人给他们每人一颗种子，细心地交代：“这是一颗神奇的种子，谁能够妥善地延续它的生命，就能够实现他的理想。”

几年后，老人碰到了这两个年轻人，顺便问起种子的情况。

第一个年轻人谨慎地捧出锦盒，缓缓地掀开里头的绸布，对老人说：“我把种子收藏在锦盒里，时时刻刻都将它妥善地保存着。”

老人示意地点点头。第二个年轻人汗流浃背地指着那座山丘说：“您看，我把这颗神奇的种子埋在土里灌溉施肥，现在整座山丘都长满了果树，每一棵果树都结满了果实。”

老人关切垂爱地说："孩子们，我给你们的并不是什么神奇的种子，不过是一般的种子而已。如果只是守着它，永远不会有结果；只有用汗水种下并灌溉它，才能收获丰硕的果实。"

维也纳一家跨国公司的总裁威廉·卡拉奇20年前是被寒冷和饥饿围困的流浪汉。他的梦想就是成为一个富翁，他说财富赐予每个人的机遇都是平等的，就像维也纳早晨的阳光。梦想只有认真去实践才可能实现，天马行空的想象不会带给我们一丁点惊喜。

现实中有很多人，他们整天脑子里只是想着"大理想"，但却没有实施的行动，总觉得没等来"东风"，就这样，大把的时间慢慢地流逝了。总是以条件不成熟为理由，瞻前顾后，期待天上掉馅饼而又唯恐掉入陷阱；得以万幸，偶遇成功，便骄傲得一发不可收拾，接着失败便接踵而至，面对失败，连一丝迎接的勇气都没有，这种人生实在令人可悲可叹。

幻想一步登天者突然遭遇失败，会觉得浪费了时间，付出了精力，却没有任何收获。在失败面前，懦弱者痛苦迷茫，彷徨畏缩，而坚强勇敢者却坚持不懈，紧追不舍。

一日清晨，佛陀与阿难尊者在前往舍卫城托钵的路上，远远地看到一对老夫妻，在粪窟中拄着拐杖，全身不停地战栗发抖。

佛陀问阿难尊者："你看到那两位年纪很大，却偎在粪窟中的夫妻了吗？”

阿难尊者回答：“是的，我看到了。”

佛陀说：“这位老人在20岁时，整天想着如何能过上富丽堂皇的日子，天天冥思苦想，半辈子过去了，头发也变白了，可是没有想到一个致富的方法。转眼间到了60岁，觉得现在想出来办法又能如何呢？所以只能这样了。如果当初能够踏实地边想边做，也不至于落到这般田地。”

成功是一个长期积累的过程，一夜成名、瞬间暴富或许在现实中存在，但几率很小，如果想真真切切地触摸到成功，就要随时把握好机会。梦想的实现是从小事做起，从一点一滴做起，命运是每一天生活的累积，小事情决定大成就。如果一个人不愿去做小事，那么大事也很难做成，老子就告诫人们：“天下难事，必成于易；天下大事，必做于细。”如果想成功，想比别人更优秀，就要多在小事上下功夫，成功靠的是一点一滴的积累。

2. 即使是不成熟的尝试，也胜于胎死腹中的策略

莎士比亚曾说过：“本来无望的事，大胆地去尝试，往往就能成功。”是的，我们只有不断地去探索尝试，才可能使看来无可救药的事起死回生。再完美的策略也得去尝试才能有结果，不然，就如同白日梦，只是想想而已。

我有一次出差去深圳，在火车上没什么事，就与邻座聊起她的故事。

她2004年来到深圳，在一家公司做白领。刚进公司的时候，月薪是3500元。由于出众的业务能力，到今年年初的时候，月薪已经涨到了1万多元。但是在5月份的时候，她却毅然辞职，走上了创业之路。

4月份，她在网络上认识了一个美国朋友。这个人是美国一家贸易公司的采购经理，负责在中国地区的皮包采购。聊了几次，美国朋友表示，如果她有自己的公司销售皮包的话，他愿意到她这里下订单。他说，他们公司每年要在中国采购几千万元的皮包，然后行销到世界各地去。

她意识到这是一次千载难逢的好机会。虽然她的工资收入不错，但是年初刚买了房子，借了很多钱，压力也很大。如果能接下这个客户，算一算，一年至少能挣几十万。

于是她很快注册了一家国际贸易公司。那个美国客户考察过后，还算满意。但是什么时候下订单，他表示还要回国后向老板请示。

本来以为这个客户是稳拿下来的，她辞职开公司也就是为了这个客户，她把所有的希望都寄托在了这个客户身上。但是没想到，随着国际贸易环境的恶化，那家美国公司的业务在很短的时间内受到了极大的影响，于是向她下订单的事只好无限期延长。

国际贸易环境仍在变坏，在坚持了5个月之后，由于那个美国客户始终没有下订单，公司每天只出不进，她再也无力支撑下去。虽然并没有把公司注销，但是她不得不承认，这次创业以失败告终。

10月中旬，她找了一份新工作，薪水还不到1万元，似乎又回到了起点。

那天我问她，放弃了十几万元年薪来创业，现在却血本无归，是否后悔?

她说："不后悔。要是当时不辞职，我就一定会后悔。"

一个科学家和一个农民分别在森林里迷了路。科学家在原地利用自己学过的理论知识对这里的地形进行分析，判断自己的地理位置，寻找出路，结果，由于这里地形复杂、人迹罕至，科学家被难倒了，他没有找到出路，而是被困在森林里。农民则尝试着找了很多条路，虽然没有走出去，但在这寻找的过程中，他摸清了这里的地形，还找到了食物和水，然后又继续寻找，最终他找到了出路。有时光有策略是不行的，尝试才有出路。

在烈日下，一群饥渴的鳄鱼陷身于水源快要断绝的池塘中。面对这种情形，只有一只小鳄鱼起身离开了池塘，它尝试着去寻找新的生存的绿洲。塘中之水愈来愈少，最强壮的鳄鱼开始不断地吞噬身边的同类，苟且幸存的鳄鱼看来难逃被吞食的命运，然而却不见再有鳄鱼离开。池塘似乎完全干涸了，唯一的一条大鳄鱼也耐不住饥渴而死去了。然而，那只勇敢的小鳄鱼呢？它经过多天的跋涉，找到了一处水草丰美的绿洲。这是为什么？敢于尝试，才能生存。

一只蝴蝶飞进一间屋子，它一个劲地在屋顶的角落里寻找出路。结果，它耗尽了体力，也没有飞出来。其实，只要它飞低一点，就有一个敞开的窗户，它就能飞出屋子，获得自由。蝴蝶最终没有飞出屋子，这是为何？尝试的次数不够，生命就没了重量。

契诃夫说："路是人的脚步走成的，为了多辟几条路，必须多向没有人的地方走去。"

对不同的事物进行不同的尝试，会让人得到不同的生命体验，或是酸甜，或是痛苦，会让生命之水不再无味，你的生活从此充满无限丰富的色彩。或许不能从尝试获得你想要的结果，但这敢于尝试的过程，就是训练自己的过程，你终将变得更好。

不敢尝试，只能跟成功擦肩而过。在人生的道路上，如果我们连尝试的勇气也没有，那么我们的人生就会像一杯平淡无味的白开水，少了造物主所给予的缤纷绚丽的色彩。这样的你，又怎能体味到生命的精彩呢？

3. 急功近利，只能欲速而不达

曾仕强说："不要急着追求结果，急功近利取得的结果，就像催熟的果子，酸涩难吃。" 想要事业上的成功，就需要一步一个脚印，脚踏实地，从最基础的事情做起，为自己的发展打下坚实的基础。就像建造房子一样，只有把地基打扎实了，大楼才会牢固。

古代有个叫养由基的人精于射箭，且有百步穿杨的本领。据说连动物都知晓他的本领。一次，两个猴子抱着柱子爬上爬下，玩得很开心。楚王张弓搭箭要去射它们，猴子毫不慌张，还对人做鬼脸，仍旧蹦跳自如。这时，养由基走过来，接过了楚王的弓箭，于是，猴子们便哭叫着抱在一块，害怕得发起抖来。

有一个人很仰慕养由基的射术，决心要拜养由基为师，经过几次三番的请求，养由基终于同意了。收他为徒后，养由基交给他一根很细的针，要他放在离眼睛几尺远的地方，整天盯着针眼看。看了两三天，这个学生有点疑惑，问老师："我是来学射箭的，老师为什么要我干这莫名其妙的事，什么时候教我学射术呀？"养由基说："这就是在学射术，你继续看吧。"这个学生开始的表现还好，能继续看下去，可过了几天，他便有些烦了。他心想，我是来学射术的，看针眼能看出什么来呢？这个老师不会是敷衍我吧？

养由基又教他练臂力的办法，让他一天从早到晚在掌上平端一块石头，伸直手臂。这样做很苦，那个徒弟又想不通了，他想，我只学他的射术，他让我端这石头做什么？于是很不服气，不愿再练。养由基看他不是可塑之才，就由他去了。后来这个人又跟别的老师学射箭的本领，最终没有学到射术，空走了很多地方。

欲速则不达的道理，也蕴含在生物规律中。某村有6户人家种橘树，老汉家的橘子又大又甜，其他家的却都僵小酸涩。而几年前栽下橘树时，老汉家的长得最慢，花开得最差，果子也最小。老汉说："他们靠提升化肥量和温度等手段催熟，完全违背了规律。"

十年树木，必经风雨洗礼，何况百年树人乎？如果大人怕孩子吃亏，教以防卫攻击计策，结果就会使许多孩子心灵扭曲。心理学研究表明，思维、心智尚不成熟，如何能经受住尔虞我诈？他们要靠善美的画面滋润心灵，细水长流，功到自然成。操之过急，会陷入不可测的深潭，比"无所获"更惨。

有一天，佛陀为比丘们开示：农夫耕种有三种需要随着时节来进行的工作，哪三种呢？就是耕田、灌溉及播种。农夫在耕田、灌溉及播种后，并不会希望：我今天或明天、后天就要让它成长，就要让它结果，就要让它成熟。虽然农夫不会这么想，但是种子已然入土，自然会随着时节因缘长大成熟，并且结果。

其实，比丘们也有三种需要随时修习的善学，即善戒学、善意学、善慧学；但修习后，并不会认为：今天或是明天、后天，我就要不起烦恼，心得解脱。但因为自心随时在增上戒学、增上意学、增上慧学，待时节因缘成熟，自然就能不起烦恼，心得解脱。

又譬如母鸡孵蛋，经过十余天，随时保护、照顾着蛋。但母鸡也不会这么想：我今天、明天或后天就要用口啄孵出或用爪刮蛋，使小鸡赶快出生。母鸡会仔细地照顾、爱护蛋，小鸡自然能平安地孵出。所以，比丘善学三学，待时机因缘成熟，自然能不起烦恼，心得解脱。

比丘们闻佛所说，个个心开意解，欢喜奉行！

《论语·子路》里有一句著名的成语："欲速则不达。"意思是说主观性急图快，违背了客观规律，反而达不到目的。对于信奉"一万年太久，只争朝夕"的创业者来说，很不容易接受这个理念。事实上，创业本身就是一个需要长期努力的过程，因而，想要快速地成功，只会"欲速则不达"。

俞敏洪对急于成功的创业者的建议是“急事慢做”。其实他就是一个事事慢做的人，高考考了三年，最后考上了北京大学。新东方很少有员工看见他发脾气，他总是不急不慢地说道：“不急不急，慢慢来。越是着急的时期，越是不好做的事情，越是需要想周到才去做。”有的时候想不清楚的事情，稍微等一等再做，可能会比你匆忙地去做，要更有成效一点。

如果你有一个合理的目标，有一个合理的梦想，把事情一点一点积累起来就能成功。最忌着急，一着急，基础就会不牢固，就像盖高楼，如果基础是“豆腐渣”，高楼没盖成就会倒塌。

梦想再伟大，也得一步一步来，这样根基才稳定。把握好节奏，丰富自己的根基，自然水到渠成。

4. 即使你失败了99次，你还可以去赢第100次

跌倒并不可怕，可怕的是跌倒了之后，没有勇气再爬起来。一蹴而就的获得没有什么值得夸耀的，不断地跌倒、不断地爬起的人才令人佩服。

公元15世纪，一位常胜将军被强大的敌人打得溃不成军，将军也被迫躲进一个废弃不用的马槽里躲避敌人

的搜捕。

在他万般失落时，他看到一只蚂蚁努力地顶着一粒玉米，试图爬上垂直的“墙”。蚂蚁当然不知道将军的事情，但将军的目光和心智却被它吸引了。

那粒玉米的重量不知是蚂蚁体重的多少倍，也许不亚于人去托起一头大象吧？第一次，玉米粒被蚂蚁稍稍顶起，很快又掉下来。蚂蚁连一丝犹豫也没有，接着就开始了再次的努力。

将军屏气静神地注视着蚂蚁的一切。两次，三次，四次……每次玉米粒都被蚂蚁顶上，最后又掉了下来。当这位将军数到超过100次时，将军想，蚂蚁不可能成功了，前面的失败就是证明。就在这时，奇迹出现了，蚂蚁终于把那粒玉米推过了“墙头”。将军被感动了，他大叫一声跳了起来。

从这只蚂蚁的身上，将军找回了失落的信心。他觉得，即使失败了99次，只要有一次成功了，就可以享受到成功的喜悦。从此他鼓舞士气，重整军队，把敌人打得落花流水，他的帝国版图也从黑河之滨一直伸展到恒河。这位将军就是15世纪蒙古皇帝巴布尔。

《简·爱》的作者夏洛蒂·勃朗特曾意味深长地说：“人活着就是为了含辛茹苦。”一个人克服一点儿困难并不难，而能够持之以恒地做下去，直到最后成功，却不是人人都可以做到的。

有人问一位智者：“请问，怎样才能成功呢？”智者笑笑，递给他一个花生，说：“用力捏捏它。”那人用力一捏，花生壳碎了，只留下花生仁。“再搓搓它。”智者说。那人又照着做了，红色的种皮被搓掉了，只留下白白的果实。“再用手捏它。”智者说。那人用力捏着，却怎么也没法把它毁坏。“再用手搓搓它。”智者说。当然，什么也搓不下来。“虽然屡遭挫折，却有一颗坚强的百折不挠的心，这就是成功的秘密。”智者说。

凡尔纳的第一部科幻小说《气球上的星期五》接连被15家出版社退稿，如果他在痛苦与气愤之中，将稿子付之一炬，错过机遇，他这一生就不会有104部科幻小说问世了。就因为他又坚持了一次，走进了第16家出版社，把握住了机遇，才有了以后卓越的成就。

1943年，美国的《黑人文摘》杂志刚创刊时，前景并不被看好。

杂志的创办人约翰逊为了扩大发行量，决定撰写一系列“假如我是黑人”的文章，请白人把自己摆在黑人的地位上，换一个角度思考黑人的处境问题。

他想，如果能请到罗斯福总统的夫人埃莉诺来写这样一篇文章，将会是非常有号召力的，不管是对杂志的发行量还是对黑人问题的关注来说都有很好的影响。

于是，他给总统夫人写了一封言辞非常恳切的信。罗斯福夫人回信说她太忙，没有时间写。但是约翰逊并没有因此而气馁，他又给她写了一封信，结果还是被回绝了。以后，每隔半个月，约翰逊就会准时给总统夫人写一封信，言辞也更加恳切。

后来，罗斯福夫人因公事来到约翰逊所在的芝加哥市，会在该市逗留两天。约翰逊得到这个消息以后，立即给她发了一份电报，请她在芝加哥期间抽空给《黑人文摘》写篇文章。或许是他的诚心感动了罗斯福夫人吧，这一次她没有拒绝，她把自己的想法写成文章寄给了《黑人文摘》。消息传出后，全国都知道了。一个月内，《黑人文摘》的销售量就从2万册激增到15万册。

总有一种力量会驱使我们不去向命运低头，总有一种信念让我们不甘于现状，总有一种期盼让我们不肯松弛早已疲惫的身躯。从此，我们风雨无阻，义无反顾；从此，我们承受着在别人看来无法忍受的寂寞和煎熬；从此，我们的世界里只有自己的梦想在时刻抚慰我们脆弱的心，支撑着我们不断前行。

面对失败，有的人怀着满腹忧伤，把失望和气馁刻在了人生的底片上；有的人接纳失败却像捧起一本书，倾注一种自信和智慧的目光去阅读，而后去创造一种新的生活。

春风抚柳百花开，梅花不语香自来。不经严寒酷暑的历练，哪有苦尽甘来的喜悦？在人生的旅途中，谁都有可能遭遇失败。所不同的是，有的人遇到失败后就迅速退缩，有的人却不达目的誓不罢休。其实，即使你失败了99次，只要有1次成功就够了。如果你不咬牙坚持，你就只能永远生活在失败的阴影中而不可自拔。

5. 只要受得了冷落，失败就是件好事

对于为理想而奋斗的人来说，有两种结果：成功或失败。失败是通向成功的必经之路，如四季交替、月之圆缺一样自然。可是，如果只习惯于成功时的繁华，却受不了未成功时的冷落，那失败便是一种煎熬。人生往往是这样，失败了，反思了，成功也就跟着来了。

1832年，林肯失业了，他下决心要当政治家，当州议员。但他竞选失败了。

接着，林肯自己开办企业。一年不到，企业倒闭了。

随后，林肯再一次决定参加竞选州议员，这次他成功了。

1835年，他订婚了。但离结婚还差几个月的时候，未婚妻不幸去世。

1838年，林肯觉得身体状况良好，于是决定竞选州长，可他又失败了。

1843年，他又参加竞选美国国会议员，但这次仍然没有成功。

1846年，他又一次参加竞选国会议员，终于当选了。

1848年，他竞选连任，失败了。

1854年，他竞选参议员，但失败了；两年后他竞选美国副总统提名，结果被对手击败。

1858年，他再一次竞选国会议员，还是失败了。

1860年，他当选为美国总统。

林肯尝试了11次，可只成功了3次，但他一直没有放弃自己的追求，不断地完善自己，他一直在做自己生活的主宰。

有一个步行的人，因为路不平而摔了一跤，他爬了起来，可是没走几步，一不小心又摔了一跤，于是他便趴在地上不再起来了。有人问他："你怎么不爬起来继续走呢？"那人说："既然爬起来还会跌倒，我干嘛还要起来，不如就这样趴着，就不会再被摔了。"你一定认为这样的人是一个可笑的人，因为他被摔怕了，不敢再起来继续往前走，就趴在地上不动了。

有人认为在失败的后面肯定藏有成功，便坐下来消极地等待。成功不是等来的，而是通过努力奋斗得到的。只有那些不畏艰险、勇于攀登并且能够坚持到底的人，才能取得最后的胜利。

迈克大叔是英国一个小镇的邮递员，经常给一个喜欢文学创作的小伙子送信。

他注意到，所有信件都来自出版社和文学报刊编辑部，凭着经验，他断定小伙子是个勤奋的文学青年，而信件是退稿通知。

很长一段时间，退稿信如雪片般飞来，小伙子越来越沮丧。

两年过去了，又有编辑部给小伙子来信。迈克想：这么久了，是退稿信还是用稿信呢？当他敲响小伙子家门时，小伙子跑出来看信了，但这次他笑容满面，还悠闲地吹起了口哨。迈克舒心地笑了。看来，小伙子总算如愿以偿地中稿了。迈克情不自禁地说：“终于成功了，祝贺你呀！”小伙子愣了一下，马上平和地说：“不，还是退稿信。”

望着迈克疑惑的目光，小伙子微笑着说：“不错，我现在是失败的，如果我就此罢休，所有的退稿信都将变得毫无意义。但我一旦获得成功，每一张退稿信的价值都要重新计算。好在，退稿也能让我进步。”

那以后，迈克很多次走在路上的时候，老远就听见小伙子的叫喊声：“迈克大叔，有我的退稿信吗？”迈克想：“看来，他真的习惯了！”

有一天，当小伙子乐呵呵地看完信后，激动地抱住迈克说：“大叔，这次不再是退稿了！”从那以后，像雪片一样飞来的，不是退稿信而是用稿信了。

这个小伙子就是英国著名小说家约翰·克里西。他出生于一个普通的工人家庭，没有大学学历，从35岁开始创作。他向英国所有的出版社和文学报刊不停地投稿，得到的却是743张退稿信，没有一篇作品被发表，他是全世界收到退稿信最多的人。

后来，当他能坦然地对待退稿的时候，他不断地下功夫修改自己的稿件，他的作品终于问世了。到他1973年75岁逝世时，40年间他一共写作了564本书，总计4000多万字。

失败的原因有很多，春秋时期的韩非子说过：“不会被一座山压倒的人，却可能被一块石头绊倒。”如果性格中有自大、自满等不良因素，那么就应该努力地改变它，因为这种性格因素是极易直接引发失败的原因，而由这种因素引发的失败一定会是损失惨重的。

成功者毕竟是少数人，只有能够利用失败的人，才能获得成功。如果你想干一件新的工作，你最好准备用至少50%的时间去迎接失败，如果你害怕失败的话，那么就不可能向新的工作发出挑战，就算是挑战了也很有可能会失败。能否最终获得战功，关键看你是否能利用失败，能不能在失败中有所收获。

只有能够正视失败的人才有可能从失败中奋起。这一点，一代枭雄曹操就做得非常好。赤壁之战中，一场大火将他的百万大军几乎烧了个片甲不留，而曹操却在仓皇逃命时谈笑自如："胜败乃兵家常事。待我回去，重整军马，他日再战必胜。"这就是对失败的蔑视，是对失败的最正确的认识和最潇洒的态度。

6. 再冷的石头，坐上三年也会变暖

鲁迅曾说："不耻最后。即使慢，驰而不息，纵令落后，纵令失败，但一定可以达到他所向往的目标。"我们都说成功来得太慢，但是成功人士坐冷板凳时我们没有看见。与其羡慕别人，不如把脚下的路坚持走好。暂时没有舞台，没有观众，也不要就

此停止自己的舞步。要忍别人所不能忍的痛，吃别人所不能吃的苦，这样才能收获到别人得不到的东西。

开学第一天，苏格拉底对学生们说："今天咱们只学一件最简单也是最容易的事，每个人把胳膊尽量往前甩，然后再尽量往后甩。"说着，苏格拉底示范了一遍，"从今天开始，每天做300下，大家能做到吗？"

学生们都笑了，这么简单的事，有什么做不到的？过了一个月，苏格拉底问学生们："每天甩手300下，哪些同学在坚持着？"有90%的同学都骄傲地举起了手。又过了一个月，苏格拉底又问，这回，坚持下来的学生只剩下八成。

一年过后，苏格拉底再一次问大家："请告诉我，最简单的甩手运动，还有哪几位同学坚持了？"这时，整个教室里，只有一人举起了手。这个学生就是后来成为古希腊大哲学家的柏拉图。

阿里巴巴的创办者马云有一句名言："今天很残酷，明天更残酷，后天很美好，但很多人都倒在明天晚上，看不到后天的太阳。"这说明了坚持的重要性。当年马云曾经想考重点小学，但却失败了；考重点中学也失败了；考大学更是考了三年才考上；想念哈佛大学也没有成功。但他具有坚持不懈、勇往直前的精神。俗话说："宝剑锋从磨砺出，梅花香自苦寒来。"他通过努力，最终创出了不凡的业绩。

德国化学家利比息从海水中提取碘时，发现在提取后的母液底部，总是沉着一层深褐色的液体。但是面对繁琐的提炼与实验过程，他退却了，只是凭空断定发现的不过是氯化碘。法国青年波拉德在做同样的实验时，也注意到了这个现象，并用了一年的时间，经过无数次实验，终于为元素家族再添新成员——溴，从而被载入史册。

能否坚持是取得胜利的最后一道障碍。越是在最黑暗的时刻，也就是光明就要到来的时刻，越需要坚持。坚持下去，就有希望。

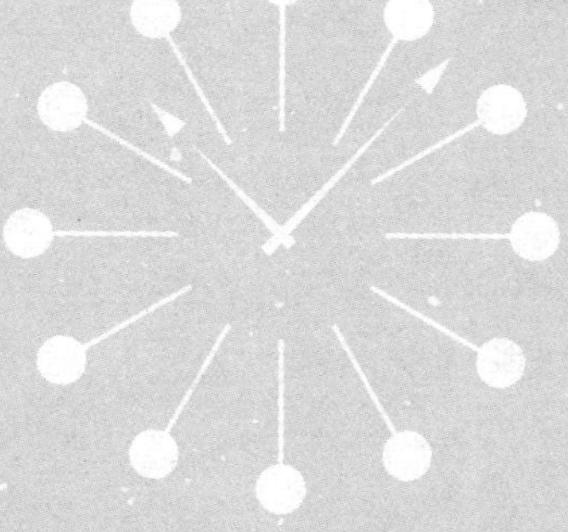

第5章

成长，允许自己输在起跑线上

1. 你参加的是马拉松，而不是百米短跑
2. 坦然接受并不优秀的自己
3. 不争第一，脚踏实地做好唯一
4. 不放弃：持之以恒的力量
5. 每种花都有其开放的节奏
6. 不要对自己太苛刻
7. 允许别人比自己优秀
8. 不要拿他人的标准衡量自己
9. 逆袭：你只需比昨天的自己更好

1. 你参加的是马拉松，而不是百米短跑

每个人生命的起点都不一样，这是无法选择的；但人生该怎么过，人生的终点在哪里，都要靠自己去走。这就像跑马拉松，开始领先或落后50米，根本不重要，重要的是能否坚持跑下去，并赢在终点。

有一名德国人，自小就爱上了演员这个职业。20岁那年，由于天生丽质加出色的演技，她被当时的纳粹头目相中，“钦点”她作为专用的宣传工具。几年之后，德国战败，她受到牵连，被判进监狱4年。刑满释放之后，她想重回自己热爱和熟悉的演艺圈。然而，尽管她才华横溢、演技出众，由于从前的污点，主流电影媒介个个对她敬而远之。

一晃十几年过去了，她的身份仍然走不出刑满释放的囚犯的影子，没人敢起用她，没人敢收留她，甚至，没人敢娶她。

她的50岁诞辰就这样悄然而凄然地到来了。那一天，她大醉了一场，醒来之后，忽然做出了一个谁也想不到的决定：只身深入非洲原始部落，采写、拍摄独家消息。这之后的两年，她克服

重重困难，拍摄了大批非洲努巴人生活的照片，这些照片一举奠定了她在国内摄影界的地位。

她的波折经历和斗争精神深深吸引了一位30岁的小伙子。他和她是摄影界同行，共同的兴趣和爱好让他们超越了年纪隔阂，顶住舆论压力走到了一起，书写了一段浪漫而漂亮的爱情故事。

为了使自己的拍摄才干与神秘的海底世界融为一体，在68岁那年，她开始学习潜水。随后，她的作品集中增加了瑰丽多彩的海洋记录，这段海底拍摄生活一直延续至到她百岁高龄。最后，她以一部长45分钟的优美短片《水底世界》创下了纪录电影的一个里程碑，也为自己的艺术生命画上了一个圆满的句号。

这就是被美国《时代周刊》评为20世纪最有影响力的100位艺术家中唯一的一位女性，她的名字叫莱妮·里芬斯塔尔。她以前半生失足、后半生瑰丽的传奇阅历告诉人们：胜利没有时间表。只要有一颗坚持理想的雄心，生命的硕果就会如影相随。

电影《肖申克的救赎》中，为了修缮监狱的图书馆，主人公安迪可以用6年的时间坚持每周给州政府写信——许多人认为是徒劳的信；为了重获新生，安迪可以用近20年的时间挖一条可能逃不出去的地道。最终，他成功了。

电影《孔雀》的女主角张静初，本来是个默默无闻的女孩，因为《孔雀》获得柏林电影节银熊奖而一举成名。对于有人将她捧为“继章子怡之后中国影坛的又一个幸运儿”，张静初听了淡淡地一笑说：“有些人是以长跑的姿态进入跑道的，有些人则以短跑的姿态进入跑道，暂时落后了你不能急躁，必须明白自己是跑长跑的，耐力和定力最重要。人生是一场马拉松，赢到最后才叫赢。”

一场马拉松要始终坚持下去，不能因体力不支而放弃比赛；人的一生要永远拼搏下去，也不能因受到挫折而一蹶不振。也许一开始起跑的地点和奔跑的速度会有所差异，但只要后期不懈地努力，也可以超越别人，成为人生舞台上的强者。

如果一开始就拼尽全力，虽然可能会领先一段路程，但是最终会被后来者超越，甚至无法完成比赛。反之，如果一开始就落后，也不应该放弃，不能自暴自弃，只要保持信心，保持自己的节奏，总有机会能够超越别人，取得理想的成绩。

也许今天你已经落后别人50米、100米，甚至300米、1000米，这都没关系，只要不断地往前跑，终有一天，你会超越对手；即使你最终没有超过对手，你也会超越从前的自己。

2. 坦然接受并不优秀的自己

心理学家告诉我们：要幸福，就要学会自我接纳。不因自身的优点而骄傲，也不因自己的缺点而自卑，坦然接受现实中的自己。如果一个人能够接受自己，就说明他没有明显的自卑心理，能够比较客观地认识自己，心理上比较平衡。

一个农夫有两个水桶，分别吊在扁担的两头，其中一个桶有裂缝，另一个则完好无缺。每次长途挑运之后，完好无缺的桶总是能将满满一桶水装回农夫家中；而有裂缝的桶到达农夫家时，却只能剩下半桶水。

农夫就这样每天挑一桶半的水回家。好桶为自己能够装整桶水而感到自豪，破桶则对自己的缺陷而感到羞愧。

有一天，破桶忍不住在小溪旁对农夫说："我必须向你道歉，因为水一直从我这边漏出，我只能装半桶水回家。我的缺陷使你花了全部的力气，却得不到全部的成果。"

农夫对破桶说："今天我们回家的路上，你可以留意一下路旁。"

于是，破桶在回家的路上认真地留意路旁，它看见路旁开满了五颜六色的花朵。

农夫对破桶说道："我明白你的缺陷，因此善加利用，在你那边的路旁播撒了花种。每次我从溪边挑水回来，你就替我一路浇了花。这些美丽的花装点了我的餐桌。要不是你，我也不会拥有这么美的花了。”

可以说每个人都是一个有点儿裂缝的桶，不那么完美，有些小缺陷。但这并不可怕，可怕的是看不到自己的价值，从而破罐子破摔。只要我们扬长避短，人生照样可以开出美丽的花朵。天生我材必有用，不要只看到自己的缺点而看不到自己的长处。无心插柳柳成荫，也许我们正是因为某些错误和缺点，反而会成就一种超凡脱俗的、更美丽的风景。

每个人都有自己的特点。有些特点人们乐于接受，有些特点人们不愿意接受。例如，高挑的身材、优异的成绩、开朗的性格、愉快的心情，这些都是人们乐于接受的；而对于自身的消极方面，如平凡的相貌、贫穷的家庭、孤僻的性格，则几乎没有人愿意接受。

不论自认为有多少缺点和不足，做了多少傻事、坏事或蠢事，从现在起，都停止对自己的挑剔和责备，要学会为自己辩护，维护生命的尊严和价值。如果一个人能够正视并且接纳自己的弱点，那就意味着他不但正确地认识到了自身的局限性，同时也会停止对自己的不满和批判。

上大学时，在一次老乡联谊会上，一个叫柚的女生穿着得体，特别是她细长脖颈上系着的一袭紫色纱巾，随着她优美的步姿飘扬着，更为她平添几许妩媚。

一时之间，她成为联谊会中最受瞩目的焦点。

后来得知，她并不是像我们想象的那么“完美”，特别是她的脖子上有一块很大的紫红胎记，为了掩饰，无论春夏秋冬，她总是系着不同款式的紫纱巾。

令我们惊讶的是，在谈到胎记时，她十分自然，还讲起小时候的一件事。

她说：“从我记事起，妈妈就告诉我，我长得很漂亮，但是不完美，尤其是脖子上有一块大胎记。不过，既然胎记已经存在，就要坦然接受。”

她记住了妈妈的话，当有人用好奇的目光望着她的脖子时，她就高高地扬起头，有熟识的人问起，她就如实回答。

可她一直不知道该如何去掩饰。

长大后，一位从事摄影的朋友得知她的情况后，对她说：“我们在坦然接受自己的不完美时，要适当地做些掩饰。你的脖子长，皮肤白，如果系上紫色的纱巾，就把缺点变成了美。”

她点头表示认同。朋友又说：“人人都喜欢美，人人都不完美，要想尽一切办法，让自己美好的形象出现在人们面前，这样做既善待了自己，又尊重了别人。”

她说：“朋友的话对我触动很大，我们可以不在乎别人的眼光、指责，但要想办法改变自己的不足，想办法用美好的事物来悦人悦己。”

听到这里，你是不是觉得她很有智慧啊。

在我们学会接纳自己之前，我们的注意力在别人身上，想努力把对方改造成自己想象的样子。当我们接纳自己以后，就会把注意力转移到自己身上，我们知道所有的问题都在自己身上，开始努力地改变自己，并接纳自己在成长中反复的行为和情绪。这些都是必须经历的，都是我们成长的过程。

3. 不争第一，脚踏实地做好唯一

世界上没有两片完全相同的树叶，也找不到完全相同的两个人。也许我们没有聪明的头脑，没有健全的身体，没有漂亮的容貌，但是，我们是独立的个体。也许不能争取做第一，但只要把上帝的恩赐发挥到极致，就可以做好自己的唯一。

一个学设计专业的毕业生来到北京创业，由于没有名气，很难从现有的设计市场里分得一杯羹。一天，他到北京的香河家具城去买衣柜，当他问老板有没有家具的宣传画册拿来看看时，对方却说没有。

他灵机一动，便说道：“那我帮你做一个宣传画册吧，保准会带动你的销售。”没想到老板摇摇头说：“我们没有这笔预算。”他说：“你不用花钱，用家具换就行了。”老板一想，答应了。

果然，当宣传画册设计、印制出来并且分发给消费者后，这家家具店的销量上升了不少。不久之后，“居然之家”的老总汪林朋竟然亲自打电话找到他。汪林朋对他说：“听说你设计做得不错，那就给我设计一个名片吧。”当时一盒名片的设计费只有20元钱，但他却干脆地答应了。第二天，他把名片送过来，汪林朋看后非常满意。这时他说：“汪总你们的CI（企业标志）设计得不好。”汪林朋一愣，说：“那你给我们重新设计一个吧。”就这样他接到了“居然之家”100万元的设计单，今天的“居然之家”标志就出自他手。

2008年，他计划策划和组织一届中国品牌节，如何选择举办场地成了一个难题。他约到时任国奥投资总经理的张敬东，说：“如果能让中国10000名企业家、1000个财经记者、100个活动组织策划高手同时走进这里，那无疑是最大的宣传。”张敬东表示那太好了。他又说：“你们那里租金100万元一天，搞不起。”张立即表示：“不用不用，你来，只要能把国家体育馆的商业活动宣传出去。”

2008年10月1日，第二届中国品牌节主会场在国家体育馆隆重举行，至少有1.6万人参加，创造了国家体育馆赛后上座率的一个新纪录，成为赛后大型体育馆商业利用的典范，他也只是象征性地交了些水电费。

他就是“不争第一、只做唯一”的设计家、品牌中国产业联盟的秘书长王永。

国内有很多企业不断地追求大、大、大，就像吹气球一样，不想大，又不得不大，为什么？它用现金流来维持。到后来就麻烦了，就像一个小孩子有180斤，看起来很壮，但问题是，他只是一个10岁的小孩，那多可怕！所以，你得考虑企业的生理年龄，思考你的企业管理、企业文化、企业的一切是不是同时成熟了。在没有成熟的情况下，你做得那么大就是累赘。团队、文化、精神、风格，都不是一两天养得成的，如果盲目地求大、求快，就会出问题。我们办企业不能以大为标志，而应该以好为标志。

这是一个关于王蓝一的故事。1999年，辽宁电视台招聘兼职主持人，她和同学决定给自己一次锻炼的机会。不料她们把面试时间记错了，赶到时，主考官正准备离去。她不知从哪里来的勇气，将主考官堵在电梯门口，请求道："请给我们一个面试机会吧，也许我们就是你们要招的人！"

主考官破例让她们面试。结果，她清秀的外表和标准的普通话，令主考官非常满意，她被录用了！然而，兼职主持人的工作说起来好听，但每个月只有200元工资，而且台里不提供服装和化妆品。这样一来，她的压力反而更大了。同学后悔当初劝她应聘，她却笑着说："虽然苦，但我喜欢主持人这个职业。我会挺住，我会成为一名优秀的主持人。"

2001年，她看到CCTV10招聘天气预报主持人的信息，便冒着暴雨去应聘。凭着过硬的主持功底，她被录用了。由于主持人名额已满，栏目组希望新来的人员暂时去记者部。其他几个前来应聘的女孩子一听，都噘着嘴说："我是来应聘主持人的，才不做记者呢！"她却非常珍惜到中央电视台工作的机会，当即高兴地答应了。

不久，广州遭遇强台风，有些记者担心安全问题，借口躲开这次采访任务，但王蓝一觉得，条件越艰辛，越能体现自己的工作能力，便主动请缨前往现场采访。那天，狂风暴雨吹得人睁不开眼，但她克服了困难，圆满完成了报道任务，给领导留下了深刻印象。2008年，央视一套给节目增加了新元素。经过层层选拔，她脱颖而出，开始主持《天气预报》节目。

回顾自己的人生之路，她感触最深、最受启示的，就是北漂生涯让她懂得了：只要认准目标坚持下去，就一定能得到命运之神的眷顾。她的座右铭是："也许你不是最优秀的，但记住，第一可以不争，但你一定要做唯一。请不要轻言放弃，无论何时，无论何地。"

与其不切实际地争第一，不如脚踏实地做好唯一。每朵花儿都有开放的理由，它不会因别人的赞美而绽放得更加美丽，也不会因别人的厌恶而枯萎凋落，它始终相信自己，展现独特的美就是花儿坚持开放的理由。

做自己，就是不要随波逐流，每个人都应该坚守唯一的自己，开发自己的唯一特长，在平凡中特立独行。

4. 不放弃：持之以恒的力量

360公司董事长周鸿祎说："有不少年轻的同事觉得工作重复、琐碎、没意思，但我觉得重复里存在价值，关键是你能不能用脑找到。无论勤能补拙，还是熟能生巧、持之以恒，都是指重复。没有重复就没有专业化的社会。用脑去重复，就是为自己的未来打基础。"我们不要把重复看得简单，它是持之以恒的强大力量，是终能成事的基础。

杰依大学没毕业就迫于生计开始为养家糊口而奔波。他在汽车修理行干过一段日子，也做过房地产经纪人。

有一天，杰依因为一杯热咖啡烫手而把它洒到了身上。当时他想，一定有更好的办法为人们提供热咖啡，而不是用烫手的纸杯。他左思右想，最后终于想出了一个主意——在杯子外面加个套。杰依用纸做了一个模型，在纸杯上试来试去。一天，他在街上看到上面带着小泡泡的厚纸巾，眼睛一亮。于是，他用硬纸板做材料，在上面压出一个个小泡泡，把它套在纸杯外面。这些小泡泡使人的手不直接和纸杯接触，因此端热咖啡的时候就不烫手了。杰依喜出望外，他先做了一些样品，然后找到一个纸产品加工商。他把生产任务交给加工商后，自己去参加商品展销会，开始推销这款产品。

杰依发现在离家不远的西雅图要举行一个展销会，于是他带着自己的样品去参加。回来的时候，他手上握着100多份合同。后来，他又在贸易杂志上打广告，参加了更多的商品展销会。在那些展销会上，他和妻子收集了许多参观者的名片。回来后，他俩就把杯套样品和介绍材料寄给这些人。很快就有许多人打电话和来信订购他们的产品。在投产30天后，他们就开始盈利了。

今天，杰依的贾瓦杯套公司共有4名雇员，年销售额已经超过1000万美元。杰依认为，做事最重要在于坚持不懈。“几乎每个人在一生中都会出现一些想法，如果他们坚持下去，也许就会成功。但是，他们出于很多原因，很容易就放弃这些想法。因此，我觉得最重要的是坚持下去，刻苦钻研。”

《荀子·劝学》中如此说：“骐骥一跃，不能十步；驽马十驾，功在不舍；锲而舍之，朽木不折；锲而不舍，金石可镂。”可见，坚持是一个人成功最不可或缺的条件。英国文学大师约翰生也曾说过：“成大事者不在于力量的大小，而在于能坚持多久。”

《时间简史》是斯蒂芬·霍金的惊世之著。这位因患肌萎缩性侧索硬化症而被终身禁锢在轮椅上的伟大的物理学家，能取得这样的成就，靠的是什么呢？勇敢、自信固然不可少，但最重要的便是坚定的信心和远大的理想、不懈的追求和顽强的毅力，以及毫不动摇的持之以恒的精神。由于持之以恒的精神，他驶向了智慧大海的彼岸，登上了科学的高峰。

1986年，为了扎根于审计事业，有位年轻人白天工作，晚上学习，常常学习到凌晨一两点钟，寒来暑往，毫不懈怠。

1992年，伴随着市场经济体制改革目标的确立，会计师事务所、审计事务所应运而生。适应市场变化，一些机关工作人员也参与到事务所的组建及相关工作中，这位年轻人也名列其中。他在灵活的市场导向下，确立了以服务获得收入的新型关系，整日奔波于对各行各业的审计工作中。多年的摸爬滚打锻造了他精湛的专业技能，还为其积累了丰富的资源与广博的人脉。

2003年，他开始了自主创业的历程。创业初期的艰难是无法想象的，每天只见出不见进，眼看自己东拼西凑的50万元就要花完了，他异常紧张，内心极其复杂，他曾彷徨过、绝望过，有时甚至精神恍惚。但更多的时候，他还是坚信“面包会有的”。源于这种质朴的乐观精神，在公司“生死存亡”的关键时刻，他带领大家积极寻找“生之方向”。为了节约办公经费，他限制自己每天开灯的时间，养成随手关灯的习惯，甚至一个报告用几张纸都要考虑；另一方面，在和客户签订合同时，他积极争取得到预付，尽量早拿到钱。表面温和的他，骨子里却透着一股百折不挠，他不停地奔走在大大小小的客户中，与客户尽量多接洽，了解客户的需求，提升服务质量。凭着这股韧劲儿，公司逐渐走出了困境。

2004年底，他的事业出现了转机，他接手的一个审计项目历经一波三折，最终顺利拿下，获得了50多万元的利润。如同久旱逢甘霖，大家的信心一下子被激活了。有人问他“创业成功的保证”时，他稍显激动地回答：“坚持到底就是胜利！”

有位学者曾说：“很多脑袋聪明的人到了30岁之后却平平庸庸，反而是那些不怎么聪明但很专注的人到了30岁之后成绩渐现。”这是他的人生体会，他希望年轻人要尽快找到能让自己全身心投入进去的东西，并持之以恒地做下去。

只有持之以恒，才会事有所成。只有真正地做到持之以恒，才能向自己的内心注入一种稳定而强大的力量，从而排除干扰，到达胜利的彼岸。

5. 每种花都有其开放的节奏

每个人在世界上都是独一无二的，正如每种花都有其开放的节奏，其实每个人也都有其内在的生命节奏。每个人的生命都有绽放的可能，但绽放的时间各不相同：有些人的生命之花早早地就露出了笑脸，而有些人的生命之花还在静静地积蓄力量。

丘吉尔是20世纪世界上最伟大的政治家之一，第二次世界大战时曾担任英国首相。

丘吉尔曾因成绩差而放弃了考大学的念头，转考陆军士官学校又两次落榜，第三次才好不容易考取。

丘吉尔少年时很淘气，而且对学科的好恶表现非常明显。他小学时的一位女班主任老师说：“我那时对丘吉尔的印象是，这个矮个子的红脸孩子是全班最淘气的孩子。我甚至认为他不仅是全班，而且也是世界上最大的淘气包。”

他以最低的成绩考入了哈罗公学（英国一所历史悠久的公立中学）。

关于丘吉尔进入哈罗公学，还有一个秘闻：在入学考试中，丘吉尔的拉丁文考卷答案中，只有一个字母和钢笔水的污痕，当然不及格。可是，校长却说他合格，准许他入学。校长的理由是：伦道夫的儿子肯定不是那种劣等生。

在哈罗公学，他特别不爱学希腊语和拉丁语等古典语言，成绩总是不及格。

丘吉尔回忆自己在哈罗公学的经历时说：“我的老师们如果想到我年龄这么小却读那么难的书，而我的成绩又很差，似乎苦于难以断定我究竟是早熟呢，还是智力发展迟钝。”

每个人都有成才的机会和潜力，就如每种花都有盛开的机会。无论是美丽的花朵，抑或是成功的人，在其盛开或成功之前都会经历一些挫折和等待。不争一时，只争长久，是金子总有发光的那一天。

大军事家、法国皇帝拿破仑在学校读书时，成绩也不好。他16岁毕业于巴黎的军事学校，学习成绩只排在第42位。据记载，他在校学习期间，除数学以外，其他学科的成绩都很糟糕。据说，在他的一生中，不论是法语，还是别的外语，他都不能准确地说和写。他的身材矮小，头形又长得难看，小时候，他家里所有的人都认为这个孩子不会有什么出息。幼年时代的拿破仑是一个任性、粗野的孩子。

阿尔伯特·爱因斯坦是20世纪最伟大的科学家，在物理学方面引起了一场大革命。他小时候说话很晚，4岁时，父母甚至认准“这个孩子智力发育太慢”。直到9岁，爱因斯坦还不能流利地说话。上学以后，老师们评价他：脑筋迟钝，不善交际，毫无长处。老师们甚至轻蔑地称他为“笨蛋”。14岁时，他的叔叔征得他父亲的允许，开始教他代数和几何学。通过努力，爱因斯坦终于获得了成功。

有位刚过完80岁生日的老人，在公园等人下棋的时候，碰到一位画家。攀谈中，画家知道老人靠下棋打发日子，就建议老人不如学学绘画。老人说：“我连画笔怎么拿都不知道，怎么作画呢？”画家说：“你可以去试一试呀。”老人一想，对呀，不试怎么知道呢？这一试，老人竟与绘画结下了不解之缘。几年以后，老人成了美国著名画家，此人就是哈里·利伯曼。

世上鲜花朵朵，争奇斗艳，芬芳迷人。我们留心观察就会发现，一天之内，不同的花开放的时间是不同的：凌晨4点，牵牛花吹起了紫色的小喇叭；5点左右，艳丽的蔷薇绽开了笑脸；7点，睡莲从梦中醒来；中午12点左右，午时花开放了；下午3点，万寿菊欣然怒放；傍晚6点，烟草花在暮色中苏醒；月光花在晚上7点左右舒展开自己的花瓣；夜来香在晚上8点开花；昙花却在晚上9点左右含笑一现……

为什么不同的植物开花的时间不同呢？原来，植物开花的时间，与温度、湿度、光照有着密切的关系。例如，昙花的花瓣又大又娇嫩，白天阳光强、气温高、空气干燥，要是在白天开花，就有被灼伤的危险；深夜气温过低，开花也不适宜。长期以来，它适应了晚上9点左右的温度和湿度，到了那时便悄悄绽开淡雅的花蕾，向人们展示美丽的笑脸。还有的花需要昆虫传播花粉，才能结出种子，因此它们开花的时间往往跟昆虫活动的时间相吻合。

和植物的生长规律相类似，人的成长也有其规律性。如果人为地打乱本来成长的节奏，总会产生隐患。我们要把成功的脚步放慢些，用心领悟爱和快乐，顺其自然地控制成长的节奏。如果心急火燎地揠苗助长，反而会坏事。

6. 不要对自己太苛刻

老话说得好："谋事在人，成事在天。"努力做就可以了，结果是怎样并不那么重要，不要去抗拒自然规律，那样反而会坏事。我们都只是普通人，为什么一定要强求呢？对自己太苛刻，最后就算事业再成功，如果失去了快乐和健康，一切也都会变得得不偿失。

有一天，小和尚、大和尚、方丈三人在一起聊天，方丈说了一个小故事：房间内放着一个桌子，桌子上面放着一个精美的木雕。

桌子向木雕抱怨道："我总是要承受人们的重压，而他们都对你那么珍爱！"

木雕淡淡地说："为了成就这一身美丽，你可知道我挨过多少刀吗？"

桌子继续说道："如果能得到你这样的待遇，我挨多少刀也都乐意！"

木雕沉默不语，因为他永远也无法忘记那被刻画的痛苦。

在阳台那里，有一盆花木，听到它们的对话后，喃喃自语地感叹道："好好地做一棵树多好，我们本来就是一棵树嘛！"

说完，方丈就看着小和尚和大和尚。

大和尚最先开口道："师父，这个故事是否告诉我们，我们其实本来就是普普通通的人，是被妄心欲望覆盖而执着烦恼呢？"方丈微笑着点头。而后，大和尚推推小和尚，暗示他也说点儿感受。

小和尚说："师父，我觉得这个故事告诉我们，要好好地做一棵树，不要对自己太苛刻。"方丈听后也微笑点头。小和尚和大和尚都困惑了，究竟谁对谁错呢？

最后，方丈说道："桌子没错，雕像也没错，花木更没错；大和尚没错，小和尚也没错，是老衲错了，是缘错了！"

方丈的意思是大家都没错，每个人都有自己的缘，是什么样就接受什么样，不要去抗拒，也不要执着不放手。只要本心求放下，自然就可以慢慢放下。如果妄心执着，那么只会苛求自己。

曾经听过一个故事：一个中国的老人和一个外国的老人在一起感叹，中国的老人说自己总算是把买房子的钱攒够了，而外国的老人说自己总算把房贷还完了。两个人都是为了买房而付出了一辈子的心血，而中国的老人不能享受几天自己买来的房子，外国的老人却已经在房子里住了一辈子了。

善待亲人，善待朋友，善待他人，也是讲求一个缘分。如果自己已经做得很好了，还是不能得到别人的理解，那就勇敢地放弃这样的朋友。古语说"道不同不相为谋"，话不投机半句多，既然不能互相掏心，就不要委曲求全、刻薄自己。

7. 允许别人比自己优秀

古人云：“人外有人，天外有天。”一个人的起点无论有多高，也不可能总比别人优秀。“三人行，必有我师”，说的正是当我们不如别人优秀的时候，我们要能容得下别人比自己优秀，同时虚心地向比自己优秀的人学习。

李丽在一家网络公司实习。公司每周都召开一次头脑风暴会议，无论是谁有好的想法都可以提出来。李丽每次都参加会议，可是她却很少有好的创意提出来，毕竟在互联网这方面她还是一个新手。听的时间长了，李丽发现了一个问题，虽然每次头脑风暴会议都很热烈，大家抢先发言，可是都是各自说各自的想法，很少去认真听对方的想法。李丽发现这一点后，觉得这样做很可惜，不但浪费了精力和时间，而且没有什么结果，能用什么办法避免这种状况呢？

第二天，当公司召开头脑风暴会议的时候，李丽试着把同事们提出的想法记了下来。晚上，李丽认真地整理这些同事的想法，发现其实有很多的创意很不错，而许多人只是因为没有听清楚别的同事怎么说，才会坚持一些错误的观点。李丽经过对比分析，也得出了自己的观点。

就这样，李丽每次会议都坚持记录同事们的想法，然后进行整理分析。有一次，公司老总让李丽也谈谈自己的观点。

李丽谈了以后，老总很奇怪，这样一个刚来实习的大专生怎么可能会有这样精彩的见解，而且几乎每一条都适合公司，这怎么可能？

散会后，老总把李丽叫到了办公室，李丽把经过对老总说了。

第二天，公司召开头脑风暴会议的时候，老总宣布李丽提前结束实习，转为正式员工。老总说：“如果我没有别人优秀，那么我就为别人鼓掌；同时，也多注意向别人学习。有这样胸怀的人才能做大事。”

俗话说：“骏马虽千里，耕田不如牛；耕牛虽勤奋，看家不如狗。”一个人只要用一种积极健康的心态来看待别人，就会发现，周围的人都有值得学习和借鉴的长处。因此，我们要乐意把掌声送给别人，允许别人比自己优秀。

允许别人比自己优秀，不是刻意抬高别人、贬低自己，也不是吹牛拍马、阿谀奉承，而是恰到好处地对别人进行肯定。要做到这一点，最重要的是要有健康的心态，否则就不能正确地看待别人的优秀。发现新大陆的航海家哥伦布回国后，受到一伙人的公然挑衅，他们说：“只要条件允许，任何人去航海、去寻找，最终都能找到新大陆。”这些挑衅者自己不能成功，也不容忍别人成功。

如果不能及时调整心态，这种小肚鸡肠很可能会发展到害人害已的地步。例如，战国时庞涓贵为魏国大元帅，屡立奇功，却因妒孙膑之才，设下阴谋诡计以膑刑加害于他，孙膑任齐国军师后，曾经所向无敌的庞涓落得个兵败身亡的下场。

每个人都是独特的，都有各自的优势与长处，承认别人的优秀，同时也要认清自己的不足。总以为自己很优秀，不可一世，在自己狭小的视野里偷看世界和他人，倔强地不承认自己的缺陷和不足，满腹的抱怨除了给自己带来怨气，也会给别人留下糟糕的印象。

约翰·亚当斯是美国历史上的第二任总统。他在刚接任总统时，美国正面临着与法国关系破裂的危险，两国的关系剑拔弩张，一触即发。亚当斯知道打胜仗必须要有得力的统帅指挥，有很多人都劝他亲自统帅军队，但他认为自己并不具有军事上的特别才能。思来想去，他认为这个任务只有美国首任总统华盛顿才可以胜任，于是下定决心请华盛顿出山。

亚当斯的亲信们得知后一致表示反对，他们认为华盛顿是他们的政敌，而且他在美国有着极高的威望，如果华盛顿复出，会再次唤起人们对他的崇敬和留恋，这样势必对亚当斯的威望和地位造成威胁。

但是亚当斯力排众议，亲自给华盛顿写了一封信，请求华盛顿再次担当大陆军总司令，指挥美军打败入侵者。他在信中恳切地写道："当我想到万不得已而要组织一支军队时，我才知道在这方面，我与你差了太远，为此我不得不随时要向你求教。如果你允许，我们必须借用你的大名去动员民众，因为你的名字要胜过一支军队。”

华盛顿接到信后很受感动，表示愿意立刻肩负重任。幸运的是，就在华盛顿准备率军出征的前夕，亚当斯终于通过外交斡旋的途径同法国达成了和解。这件事被美国人民传为佳话，亚当斯的谦虚豁达也被广为传诵。

后来有位著名的记者采访他时问：“您为什么不怕华盛顿复出会再次唤起人民对他的崇敬和留恋，进而威胁您的威望和地位呢？为什么敢于起用比自己更优秀的人呢？”亚当斯这样回答：“真正出色的领导者绝非事必躬亲，而是知人善任，敢于承认自己的不足，敢于接受别人在某些方面比自己更加优秀，并敢于起用比自己更优秀的人才。”

西班牙学者巴尔塔沙·葛拉西安在《智慧书》中写道：“一个人总能在某一处胜过别人，而在这一处上又总会有更强的人胜过他。学会欣赏每个人，会让你受益无穷。智者尊重每个人，因为他知道各有其长，也明白成事不易。”

允许别人比自己优秀、为他人鼓掌体现了一种智慧。你在欣赏他人的时候也在不断地提升和完善自己的人格，为他人鼓掌体现了一种美德，你付出的赞美，非但不会诋毁你的体面与尊严，相反，还会在不经意间为你收获友谊与合作。为他人鼓掌体现了一种修养——赏识他人的过程本身就矫正着你的狭隘，克服着你的自私。

8. 不要拿他人的标准衡量自己

在现实生活中，不同的标准会得出不同的结果。自己因拥有享不尽的财富而感到幸福时，或许在别人眼中却是一种遗憾；自以为拥有丰富的学识，或许在别人眼里只是一种渺小。一只尺子注定无法同时衡量两处事物。

玛丽·玛格丽特·麦克布蕾在初到广播界还是一名新人的时候，非常渴望成为一名喜剧演员，可她总是失败。后来，她发现自己朴实的风格也很招人喜欢，于是发挥本色，扮演了一个很平凡的乡下女孩子，结果成为当时最受瞩目的广播明星。

金·奥特雷刚出道之时，为了使自己像个城里的绅士，便改掉他的乡音，自称为纽约人，结果大家都嘲笑他忘本。但是他并没有因此而沉沦，他开始弹奏五弦琴，唱西部歌曲。谁知从那开始，他的演艺之路走上正轨，最终成为在全世界享有盛誉的明星。

还有享誉世界的卓别林，因为有自己的表演特色，所以取得了前所未有的成功。在卓别林刚开始进入电影界的时候，导演让他模仿当时一个非常出名的德国喜剧演员，可是卓别林却创出了一套自己的表演风格，因为这种风格备受人们喜爱，所以一举成名。

麦克斯·威尔医师在罗斯福执政期间，曾负责为总统夫人的一位朋友做手术。手术成功后，罗斯福夫人将他邀请到白宫做客，以表感谢。夜晚，夫人要求他留宿，当天夜里他睡的那间房子，林肯总统曾经住过，为此他感到无比荣幸。于是，那天晚上他兴奋地失眠了。

第二天早上，他下楼来，看见夫人已经在等他用餐。仆人端上来一盘鲈鱼，他向来不吃鲈鱼，因此他看着那盘鲈鱼，心里打起了小鼓。这时，夫人指着总统说，总统很喜欢吃鲈鱼，希望他也能喜欢吃。他考虑了一下，觉得总统喜欢吃的鱼应该也很好吃吧，于是他就勉强地吃下了两块。可是从吃下鲈鱼开始，他就浑身上下不舒服，一直想吐。

后来，麦克斯一直思索，这件事有什么意义呢？最后，他终于得出一个结论：其实他一点也不想吃鲈鱼，而且根本也不必吃，而他觉得总统能吃，自己为什么就不能呢，所以他背叛了自己。虽然这是件小事，很快就过去了，可是换个角度想，这不正是许多人为了面子最常做的违心事吗？

在追求成功的过程中，要找准自己的位置，不能盲目地拿别人的标准来要求自己。一定要给自己一个准确的定位，在自己的岗位上以良好的状态发挥聪明才智，才会受到更多人的尊敬和赏识，只要做到这一步，离成功也就不远了。

9. 逆袭：你只需比昨天的自己更好

美国气象学家爱德华·罗伦兹提出了“蝴蝶效应”：美国得克萨斯州的一场风暴，起因是南美洲有一只蝴蝶在拍翅膀，正好每一次翅膀的振动波都被外界不断放大，不断被放大的振动波越过大洋，就引发了一场风暴。人生也是这样，每天进步一点点，最后也会像风暴一样助自己腾飞。

一个朋友讲了他自己的故事：

今年我回老家过春节，参加了高中同学的聚会。

高中的时候，我在班里学习是中下等，考的是大专。我们班长学习非常好，考上了重点本科，毕业后，在市内一家单位做办事员。班长在吃饭时一直发牢骚，说没想到工作几年后，居然下岗了！

高中毕业后，我灰溜溜地去读了一所三年制的大专会计专业，我非常自卑，觉得自己这辈子完了。为了毕业后能找到满意的工作，我就开始考财会专业的自考本科文凭。

我的自考本科文凭拿到以后，就辞职去了北京，在一家家具厂做会计。在工作的过程中，我报考了助理会计师资格，然后又考会计师资格证。当我通过了会计师资格考试以后，我又去考注册会计师。

为了省钱，我住在村民临时搭建的小屋里，屋里没有暖气，冬天夜里，我边看书边跺脚取暖。感冒的时候打点滴，我还趴在床上看书。

取得了会计师资格证书后，我辞职去了中关村做会计。白天工作，晚上学习，每天凌晨两点前根本没有睡过觉。那几年，给我最深刻的感受就是太困。

那个时候，吃饭、租房子，周末上辅导班需要交学费、书籍费、报考费，等等，处处都要花钱，钱根本不够用，我不舍得吃好菜，穿得也很寒酸。后来，老总暗示我衣着不能影响公司的形象，我才花了300元，买了套假名牌西服，下班回到住处后就赶快脱下挂起来，因为怕皱了。

我终于通过了注册会计师的考试。拿着注册会计师的证书，我进入一家外企财务部上班。3年后，我被提拔为财务部主管，年薪30万。

那天吃完饭，班主任拿出笔记本，让每人写下一句话。我写的是：昨天的好是昨天的，今天唯有比昨天好，人生才能逆袭！

知名企业家鲁冠球有个信条：一天做件实事，一月做件新事，一年做件大事，一辈子做件有意义的事。要想逆袭人生，只需要你每天改变一点点，持之以恒，日积月累，终会实现突破。

从前，有个年轻人和母亲相依为命，生活艰难。

后来，年轻人由于受不了清苦的生活，想学习生财之道，又苦无门路，于是迷上了求仙拜佛。母亲见儿子整天念念叨叨、游手好闲的痴迷样子，苦劝过几次，但年轻人对母亲的话不理不睬。

有一天，这个年轻人听到别人说起远方的山上有一位得道的高僧，心里顿生希望，便瞒着母亲偷偷从家里出走了。

他一路跋山涉水，历尽艰辛，终于在山上找到了那位高僧。高僧热情地接待了他。席间，听完他的一番自述，高僧沉默良久。当他向高僧问佛法时，高僧开口道："你想致富并不难，我可以给你指条道。吃过饭后，你立即下山，每天多耕一点点地，自然会出现一大笔财富。"

年轻人觉得这有何难，于是半个月耕地10亩，其母紧随其后把种子播下。可他觉得没成效，又一路跋山涉水，历尽艰辛，去见高僧。他生气地说："我按你说的办法做，半月过去了，怎么没有金子呢？"高僧说："你现在可以回去了，等秋天来临的时候看看地里有没有金子。"

待秋天的时候，年轻人回到地里一看，种下的谷物结出的粮食金黄金黄，又沉甸甸的。他大悟。

1.01的365次方约等于37.8，0.99的365次方约等于0.03，每天比昨天好百分之一（即做到1.01）和每天比昨天差百分之一（即做到0.99），一年下来，结果相差得惊人：37.8 ÷ 0.03=1260倍。我们每天做一些小的改变，每天多做一点简单的小事，就可以让我们的生活变得更加美好。

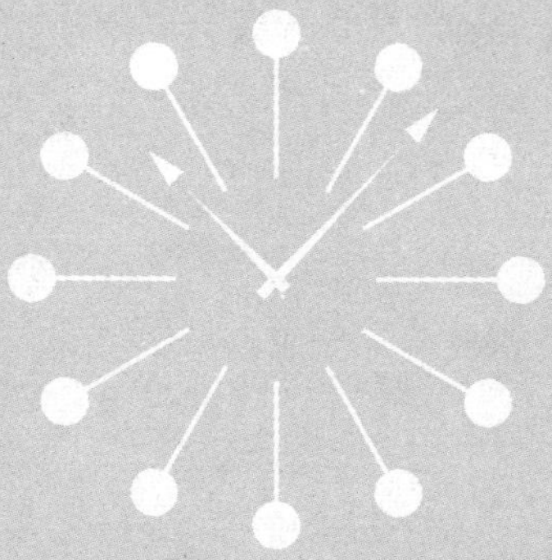

It's Never Too Late

第6章

坦然，人生不要太功利

1. 太功利的人生带给我们什么？
2. 世上没有完全没用的事情
3. 走在弯路上，不忘看风景
4. 结局怎么样并不重要，重要的是享受奋斗的过程
5. 人生可以没有规划
6. 坏牌更要用心去打

1. 太功利的人生带给我们什么？

《孔子家语》有言："芝兰生于幽谷，不以无人而不芳；君子修道立德，不以穷困而改节。"蕴含的道理是对待世俗不要功利，对待他人也不要功利，顺其自然，才是常道。

一位商人一心求福，希望事业成功、赚尽天下财富。

有人告诉他：只要每晚用最好的干柴拜火神，钱财就会如烈火般滚滚而来。于是他遣人上山砍柴，用最好的木料，三年期间不间断地祭拜火神。怎知生意不仅没有起色，还日渐衰退。

又有人告诉他：每天在太阳、月亮出来前，准备丰盛的祭品虔诚礼拜，就会日进斗金。于是他天天杀鸡宰羊祭祀，连续三年拜求，生意却愈来愈差，不仅花光了家产，而且病倒了。

他多年来一直拜求，不仅没有得到福气，还增添了心中烦乱。人人都说佛陀是觉者，他决定到祇树给孤独园请佛开示。

见到佛陀，商人大声哭诉过往为追求财富名利，他用尽心力却一败涂地。佛陀告诉他："你只为求财，大量砍伐树木当柴烧、大量杀害动物来祭祀，造孽深如大海，怎么可能得福呢？从现在开始，你要孝顺父母、发心行善，同时要去除内心的贪、嗔、痴、慢、疑。相信正法且精进入法，才能使身心安住。”

商人听后心开意解，忏悔过去愚痴犯错。心病去除，信心生起，他决定回去老实地做生意，后来还时常为邻里乡亲出钱出力做些善事。渐渐地，他的生意兴旺起来。

现在的家长对孩子的期望值普遍很高。父母望子成龙本无可厚非，但一味地拼名校、毕业后非要孩子“挣大钱，当大官”，这就不可取了。这样的人生设计，毋庸讳言是价值观的庸俗化，太急功近利了。一位北大学子为自己未能实现父母如此的“期望”而心生愧疚，差点走上了绝路。

读书不应该带有过多的功利目的。如果把读书作为升职晋级的敲门砖，作为谋取名利的手段，就永远也体会不到读书的乐趣，达不到读书的最高境界，它反而会成为一种负担，给人生带来烦恼。

交友亦是如此，带着功利目的去交友，那就不是交友了，而是交易。互相利用，谋取各自的功利，永远也交不到真正的朋友。

有一个人在边远的村庄买了满满一车西瓜，匆匆忙忙往城里赶路，希望能卖个好价钱。从村里出来的路弯弯曲曲、坑坑洼洼，他不熟悉，于是，便向路边的一位农夫打听，这里离大路还有多远。

“慢慢走，你再过10分钟就能到大路了，”老农答道，“但如果快速赶路，将会耗费你很多时间，甚至会白赶路。”

“这是什么道理？疯子！”这个人不加理会地说道。

问完路，他逃命般地提速前进，不料还没走几米，车轮就撞到了石头，装满西瓜的车猛烈地摇晃起来。西瓜掉到地上，车速的冲击力太大，轮胎被锋利的尖石划破，无奈，西瓜赔本不算，还要修补轮胎。

折腾了很久，车子总算可以开动了，可他却累得无法动弹了。他疲惫地爬回驾驶席，想动也动不了了。此时，农夫的话在他耳边响起，他恍然大悟，如梦初醒。在剩余的路途上，他小心翼翼地开车慢行，很快就到达了大路，只不过，那个时候，天已经黑了。

有些人就是这样，过于功利，全身心地投入到对功名利禄的追求中，而忽略了人生中那些更美好的东西，错失了生命的本真和意义。因为衡量人生的标准不仅仅是拥有金钱和地位，还有亲情、爱情、友情和千金也换不来的健康。

2. 世上没有完全没用的事情

人世间的万事万物，都有其存在的必然性，不能因为一时的失败而否定其效用，也不能以一事的失败就认定事情的过程没有用。

水草肥美的大草原上生活着很多野鹿，但野鹿的数量总维持在5000只上下，草长得再好也增加不多。牧民发现，由于草原上生活着鹿的天敌——狼和山狮，使鹿的数量无法再增加。于是，牧民开始了消灭狼和山狮的大战。经过10年的努力，狼和山狮被打得踪影全无，野鹿一年比一年多起来。5年后，鹿的数量竟然达到10万只。

谁知，在随后的两个冬季里，野鹿急剧减少。这是因为鹿太多了，草不够吃，有6万只鹿被饿死冻死。此后，鹿的头数继续减少。

又过了5年，只剩下1万只左右。这时，牧民才惊奇地发现，虽然鹿少了，草仍然不够吃，因为10年前鹿的爆炸性的繁殖给草原植被带来了毁灭性的破坏，不少地方变得光秃秃的，已经长不出草来。后来过了很多年，这片草原一直不能恢复元气。

在草原系统中，鹿吃草，狼吃鹿，狼死了以后，经过微生物的分解，它的尸体又变成肥料，被草吸收，这样，构成一个可持续的食物链。以前，草原上长多少草，这些草能养活多少只鹿，这些鹿能养活多少只狼，都有一定的比例和范围，保持着相对的稳定和平衡。但是，狼被消灭以后，生态平衡被打破，以致整个草原都发生了巨大的变化。这种变化一旦发生，就会出现连锁反应，在短时间内是无法恢复的。

在生态系统中，每种生物都有各自的地位，起着一定的作用，是无法互相代替的。所以，保护野生动物不仅要保护那些濒于灭绝的珍稀物种，更重要的是要保护生态平衡和食物链的稳定。

那些惯于短视的人，没有几个能长久成功的。为什么？因为戴着近视眼镜，去寻找所谓的人生定位，一切依靠投机取巧，怎么会有长久的成功和幸福呢？

如果一个人的生命之舟总维系着对于短期功名的追逐，那么其身心都将变成名利的奴隶。只有少数人了解自己应该追求什么，并且有所计划和取舍，方能取得卓越的成就。

做大事的人，都是首先从做小事情开始的。“如果能把小事办好，大事就会顺其自然地发展。”每项工作都是由许多细节所组成的，如果忽略了事情的任何一部分，都会在日后造成大问题。

很久以前，有一个性格急躁的年轻人在自己家的院子里养花。花的长势一直不怎么好，不是花叶枯黄，就是花的颜色不纯。

有一天，隔壁的老人去他家里送两个月前借的米，看到年轻人正在一株花旁边长叹，就问年轻人："你为什么这样叹气呢？"

年轻人说："你看一下我种的花，怎么和您家的花不一样呢。"年轻人把种花的经过对老人讲了。原来，年轻人在种花前翻动土壤时，看到土壤里面有不少蚯蚓，全身黑色，很难看，就把蚯蚓一只只地从土壤里挑了出来，然后买了花种，播了下去，几个月后，就变成现在这个样子了。

老人说："蚯蚓以土壤中的碎屑为食，经常在地下钻洞，把土壤翻得疏松，使水分和养分易于进入而提高土壤的肥力，有利于花的生长；蚯蚓还可以分解我们自己产生的垃圾，使其变成养分，供花利用。我注意爱护这种小动物，所以我家院子里种的菜和花都长得比较好。"年轻人大悟。

对人世间的万事万物需要以辩证的、发展的眼光去看待，千万不能孤立地死板地去看。任何事物都有其内在规律性，只有遵循规律，利用规律，才能立于不败之地。

3. 走在弯路上，不忘看风景

人在一生行走的旅程中，难免会与挫折相伴。当我们与挫折相遇时，有过彷徨，有过失意，有过痛苦，有过哭泣，但无论怎样，当我们磕磕绊绊走过时，回想来路，心中还会感激那挣扎后的重生，那刻骨铭心的心路历程又怎么会不是人生中一笔难得的财富呢！

作家卓文景讲过这样一个故事：一位老人曾经是中国体坛很具潜力的运动健将，因为一次触电事故，失去左臂，不得不退役回小镇，当上了一名邮递员。

当作家讲述时，几乎所有在场聆听的人都认为这位老人的人生必将再度绽放光彩，而当他们得知这位老人当了一辈子的普通邮递员直至退休后，普遍认为这个故事是如此的“乏味、无趣”。

其实，据作家所知，老人一直认为自己过得很幸福，因为送信走过那么多年的路，路边的树什么时候发芽了，路边的花什么时候开放了，谁家又修了新房子，老人都一直默默地关注着、体会着，并且为之欣喜不已。

在故事的结尾，作家慨叹：“我们的生命，本就不是一件功利的事，而是一程美好的体验，你可以错过获得大成功的体验，却不能错失生命成长的每一份小小的美好。”

几何学告诉我们，两点之间，最短的路线是直线；诗人却说，如果万水千山可以轻易绕过，我宁愿放弃。

现实中，“走捷径”仍备受推崇：对于通过“山寨”就能赚到钱的产品，就懒得再进行研发；百米之外的斑马线太远，于是选择横穿马路……

最容易到达的地方，往往不是最想去的地方；最容易实现的方式，也可能遇到更多的阻力，错过更多的风景。

《孙子兵法》中说：“先知迂直之计者胜。”有时，迂回曲折可以产生更多的有利条件。与此相应，英国军事理论家李德·哈利在他所著的《间接路线战略》一书中指出，在战略上，最漫长的迂回道路，常常是达到目的的最短途径。间接性是物理性的，却不一定是心理性的，从战略制订上讲，最远和最弯曲的路线，常常也是一条真正的捷径。这被总结为管理决策中的“哈利法则”。

一名禅师在上课时把一幅中国地图展开，问：“图上的河流有什么特点？”

“都不是直线，而是弯弯的曲线。”“河流为什么不走直路，偏要走弯路呢？”学僧们七嘴八舌。有人说，弯路是为了拉长流程，河流也因此拥有更大的流量，当夏季洪水来临时，河流就不会水满为患了；又有人说，流程拉长，每个单位河段的流量相对减少，河水对河床的冲击力也随之减弱，这就起到了保护河床的作用……

“都对！”禅师说，“但根本的原因是，走弯路是自然界的常态，走直路反而是非常态，因为河流往前时会遇到各种障碍，无法逾越，只有绕道而行，绕来绕去，避过了一道道障碍，最终抵达遥远的大海。”

有一名学僧忽然开悟了，说：“人生也如河流，坎坷挫折是常态，不必悲观失望，也不必长吁短叹、停滞不前。直闯不过，就避其锋芒，另辟蹊径，照样能抵达遥远的人生的大海。”

事实上，当我们检视人类历史的发展由低级走向高级时，往往会发现“两点之间，曲线最短”。缓慢发展应该是人类发展的常态，乐观如胡适者，在给人题字时，喜欢写“为者常成，行者常至”，喜欢写“种瓜得瓜，种豆得豆”，喜欢写“功不唐捐”。而当代青年学者熊培云则说道：“恶是摧枯拉朽的，善却是以蜗牛的速度前进的。”

河流的弯曲可以哺育更多的生灵，从来没有一条河是从源头笔直地流入大海的。如果每次旅游都是从起点马上到达终点，错过的是途中众多的风景；如果人生从一开始就奔向最后的终点，得到的也只是索然无味的一辈子。

换种角度看，人生的各种不如意和意外都是弯道上的“风景”。许多时候，我们想要的幸福生活非常简单，但追寻它的道路却异常迂回曲折，这时也就生出了世间的众生相，相互之间又成为彼此眼中的“风景”，生命就是这样变得精彩的。

4. 结局怎么样并不重要，重要的是享受奋斗的过程

我们活着，奋斗着，享受着奋斗的过程，这就是幸福，就是成功。但生在这人世间，体味着人生百味，心里难免会生出许许多多的感慨，很多时候，我们的心会因为结果的不如意而深觉疲惫、迷茫，甚至不知道该何去何从。

2005年诺贝尔文学奖的获得者哈罗德·品特还是孩童时，就常常幻想自己成为萧伯纳那样优秀的剧作家，一有空闲就读书和练习写作剧本，但却进步缓慢，常常受到别人的挖苦和嘲讽。

父亲为使他继续坚持自己的理想，就问他："你为什么喜欢写作？"

品特说："我想成为像萧伯纳那样伟大的剧作家。"

父亲又问："你快乐吗？"品特说："我非常快乐，而且我很享受读书和写作的快乐过程。"父亲说："你非常快乐并且享受着追求事业的全过程，这说明你已经成功了，你又何必非要成名呢？"

品特终于明白，干着自己喜欢的事，虽然有时不被人理解，但只要内心充实、享受奋斗的过程就是幸福，就是成功。哈罗德·品特就这样在快乐地享受自己奋斗的过程中，获得了

诺贝尔文学奖。

一个人追求事业上的成功，先不必问结果，先要学会享受追求成功的过程。有时候，我们太注重结果，还未开始行动，已然患得患失，结果使自己身心俱疲。其实对成败过分关注，反而会有害于目标的达成，不如像品特那样专注于奋斗的过程，享受奋斗的过程。以这样的心态行事，成则不会骄逸，败也不会颓丧。

成败取决于奋斗的程度。能够在奋斗过程中充分享受快乐的人常常能在最后取得成功，他们在充分享受奋斗的过程时，倾全力于其中，认真地对待每一次机会，因此他们往往会成为被成功垂青的人。享受奋斗的过程，既能得享其间的快乐和幸福，还能得享成功之神的眷顾，我们又何乐而不为呢？

俗话说："欲速则不达。"对于组织、企业和个人发展来说，如果不看条件和时机一味求快，便容易招致不必要的损失，延缓成长、壮大、取胜的进程。人生一世，最终都要归于尘埃，但如果我们能以积极的心态面对人生，就会拥有精彩的生命过程。

一天中午，朋友在菜市场门口看见一个蹬三轮车的老人，他把车停在路边的一片树荫下，自己斜倚在破旧的三轮车靠背上抽烟。

抽着抽着，他竟然睡着了。他睡得酣然，脸上的倦容依稀可见，手里的卷烟燃尽，他浑然不知，被烟熏得发黄的手指夹着燃烧完了的烟蒂，烟灰悄然滑落在他洗得发白的衣襟上。

朋友驻足观望着这位老人，只见他紧闭眼睛的脸上露出了满足的笑意，很真实。

闹市的吆喝和来往车辆行人的喧嚣似乎离他很远很远，烈日的毒辣与盛夏的高温也仿佛与他无关，他在现实的生活中做着浪漫的梦。这一幕让朋友非常感慨。

当很多人孜孜以求成功时，现实在告诫人们不要过于焦虑，不要急于求成，要学会给自己的人生做“减法”。正如作家卓文景所言：“生活中很多东西都在变化之中，包括引导和评判成功的主流价值观，让你无所适从、难以把握，但是成长却牢牢地握在你的手里，那是你对自己的承诺。”“可能有人会阻碍你成功，却没有人能阻止你成长。换句话说，这一辈子你可以不成功，但不能不成长。”

确实，人生在世，常常会不由自主地被功利主义所毒化，凡事讲求实用，追求名利，而“实用名利”式成功在很多时候是难以把握的，因为人的欲望永无止境。成长则是可以被掌控的，所以，一个人的价值不在于做官，也不在于发财，而在于他的人格品性。人格塑造的过程，就是忍受痛苦艰难的过程，就是成长的过程。

5. 人生可以没有规划

活在当下，注重当下，享受当下，活在时间的“密封箱”里，不为过去后悔，也不为未来担忧。现实中，很多人的成功仿佛是规划出来的；也有很多人很快乐，其快乐却好像不是因为规划而得到的。

这天，一座寺院里来了一个客人。这个人气宇不凡，他向寺院的住持请教了一个问题：“我的人生没有规划，感觉很失败。”

住持微微一笑，反身进内室拿来一把剪刀，对客人说：“施主，请随我来！”住持把来客带到寺院外的山坡上。在那里，大路两边的灌木都被修剪得整整齐齐。

住持把剪刀交给客人，说道：“您只要能经常修剪一棵树，您的规划自然来。”客人疑惑地接过剪刀，走向一丛灌木，咔嚓咔嚓地剪了起来。

一壶茶的工夫过去了，住持问他感觉如何。客人笑笑：“倒是感觉身体舒展轻松了许多，可是心里好多规划好的事情又会来回变。”

住持颔首说道：“刚开始是这样的，经常修剪，就好了。”

客人走的时候，跟住持约定10天后再来。

可是莫名的变化还是把规划给改变了，直到3个月后，客人才再次来到寺院。

客人来到寺院后，住持对客人说："施主，你知道为什么我当初建议你去修剪树木吗？我只是希望你每次修剪前都能发现，原来剪去的部分又会重新长出来。这是自然的变化，你别指望将来会一成不变，我们能做的，就是尽力把它修剪得更美观。如果放任功利之心，它就会像疯长的灌木一样丑恶不堪。但是，经常修剪，就能成为一道悦目的风景。对于名利，不要急功近利，而是顺其自然，它不应该被看作是心灵的枷锁。"

客人恍然大悟。

在电视剧《士兵突击》中，许三多为什么能成功？他的成功有必然性么？许三多的人生似乎没有计划，他的成功机会似乎是"不经意间"出现的。他说："我从来就是（走）一条道，所以没有选择。没有选择也就不用计划，只要走好路就行了。好好活，做有意义的事。当把今天的每件小事当救命稻草一样做到极致时，成功的未来便不经意间向你招手了。"因为没有选择，他也就没有对未来的迷茫，没有对现实的抱怨，他把全部精力放在了过好今天上。

冯唐以前也从来没想过自己会成为麦肯锡公司全球董事合伙人，同时还是知名的作家。他年轻时是个诗人、文艺青年，后来读了医学博士，再后来进了咨询公司，现在又做了实业。他想写小说就去写，想开公司就去开，一路都在做自己想做的事情，可谓是没有计划、率性而为。

1965年，一位韩国学生到剑桥大学主修心理学。在喝下午茶的时候，他常到学校的咖啡厅或茶座听一些成功人士聊天。这些成功人士包括诺贝尔奖获得者、某些领域的学术权威和一些创造了经济神话的人。这些人谈吐幽默风趣，举重若轻，把自己的成功都看得非常自然和顺理成章。

时间长了，他发现，在国内时，他被一些成功人士欺骗了。那些人为了让正在创业的人知难而退，普遍把自己创业的艰辛夸大了，也就是说，他们在用自己的成功经历吓唬那些还没有取得成功的人。

作为心理系的学生，他认为很有必要对韩国成功人士的心态加以研究。1970年，他把《成功并不像你想象的那么难》作为毕业论文，提交给现代经济心理学的创始人威尔·布雷登教授。布雷登教授读后，大为惊喜，他认为这是个新发现，这种现象虽然在东方甚至在世界各地普遍存在，但此前还没有一个人大胆地提出来并加以研究。惊喜之余，他写信给他的剑桥校友——当时正在韩国政坛坐第一把交椅的人——朴正熙。

他在信中说："我不敢说这部著作对你有多大的帮助，但我敢肯定它比你的任何一个政令都能产生震动。"

后来，这本书果然伴随着韩国的经济起飞了。这本书鼓舞了许多人，因为它从一个新的角度告诉人们，成功与"劳其筋骨，饿其体肤""三更灯火五更鸡""头悬梁，锥刺股"没有必然的联系，只要你对某一事业感兴趣，长久地坚持下去就会成功，并不需要很复杂的职业生涯规划，因为上帝赋予你的时间和智慧够你做好一件事情。后来，这位青年也获得了成功，他成了韩国泛业汽车公司的总裁。

青蛙是永远不可能飞起来的。这与青蛙的信心、毅力、练飞计划科学与否等毫无关系。人的兴趣、才能、素质是不同的，每一门类的科学所需要的素质和才能也是不同的。例如：做一个杰出的临床医生，必须具有很好的记忆力；研究理论物理学，抽象思维能力必不可少；一个数学家没有必要一定具备实际操作、设计和做实验的能力。

对于人世中的许多事，如果进行过多的规划，你只会以结果为导向，带着更强的功利之心去做，就像强扭西瓜。其实，只要安心地去做，都能在一定程度上实现，该克服的困难也都能克服。你只要朴实而饶有兴趣地生活着，终究会发现，世事的发生都是水到渠成的。

6. 坏牌更要用心去打

有的人可谓“上帝的宠儿”，官运亨通、财源茂盛、婚姻美满，正像在牌桌上想什么就来什么一样，要什么就有什么。但人生之路漫漫，总会有牌不好的时候，这个时候才是真正显示本领的时候。就算是抓了一手坏牌，用心去打，照样会有转机。

有一家企业招聘文职人员，招聘过程十分简单，就是让每个应聘者讲一则生活、工作中失败的故事。应聘者当中不乏博士、硕士，但他们最后都被一位中专生击败。

这位中专生讲了这样一则故事。她说，她中专毕业后来到深圳，应聘在一家公司任秘书。公司很大，员工也很多，每月中旬，老板都例行向员工讲一次话。有一次，先她而来的老秘书出差，讲话稿自然由她来写了。写好之后，老板忙于事务没有看稿，时间到了便匆匆开讲，结果读错了几个字，引起哄堂大笑。老板很生气，便将她辞了。

这的确是一个失败的故事。众多应聘者往往讲到这里就结束了自己的故事，而这位中专生却继续讲道，她虽然被辞掉，但没有立即离开。她想，为什么老板会念错字呢？经打听才知道，老板仅仅有小学文化程度。为此，她心生自责，要是在那些难认的字旁注上同音字就好了。

“这不是你的错。”有人同情地说。

“不是我的错，但至少说明我不是一个合格的秘书。因为秘书的基本条件就是吃透领导，我对他了解得不够，就是我的错。”

“那是因为你应聘的时间太短。”又有人为她辩解。

“这不是时间长短的问题，而是我的工作主动性不够。”

讲到这里，总经理打断了她的话，宣布她已经被录取了。

娃哈哈集团董事长宋庆后在42岁前，还是一个骑着三轮车到处送货的推销员，25年后，宋庆后成了拥有700亿财富的中国首富。机遇或许就在你的身边，就看你有没有慧眼和胆魄，就看你能不能吃苦和拼搏。

美国第34任总统艾森豪威尔回忆说，有一天晚上，他和自己的家人在玩牌，他老埋怨自己的手气不好。母亲突然停下，告诉他，玩牌的时候要接受自己抓来的牌，生活上也是这样，上帝为每个人发牌，而你只能尽最大的努力玩好自己的牌，坏牌更要用心去打。艾森豪威尔说，他从来没有忘记过这条教诲，并且一直遵循着它。

有一个年轻人，从很小的时候起，就有一个梦想，希望自己能够成为一名出色的赛车手。

从军队退役之后，他选择到一家农场开车。在工作之余，他仍然坚持参加一支业余赛车队的技能训练。

那一年，他参加了威斯康星州的赛车比赛。当赛程进行到一半多的时候，他的赛车位列第三，他有很大的希望在这次比赛中获得好名次。

突然，他前面那两辆赛车发生了相撞事故，他也被撞到车道旁的墙壁上，赛车在燃烧中停了下来。

当他被救出来时，手已经被烧焦，鼻子也不见了，体表烧伤面积达40%。医生给他做了7个小时的手术，才把他从死神的手中抢救出来。

经历了这次事故之后，他的性命保住了，可是他的手却萎缩得像鸡爪一样。医生告诉他："以后，你再也不能开车了。"

然而，他并没有因此而灰心绝望。为了实现那个久远的梦想，他决心再一次为成功付出代价。他接受了一系列植皮手术，为了恢复手指的灵活性，每天他都不停地练习用残余部分去抓木条，有时疼得浑身大汗淋漓，而他仍然坚持着。

在做完最后一次手术之后，他回到了农场，换用开推土机的办法使自己的手掌重新磨出老茧，并继续练习赛车。

仅仅在9个月之后，他重返了赛场。他首先参加了一场公益性的赛车比赛，但没有获胜，因为他的车在中途意外地熄了火。不过，在随后的一次全程200英里的汽车比赛中，他取得了第二名的成绩。

又过了2个月，仍是在上次发生事故的那个赛场上，他满怀信心地驾车驶入赛场。经过一番激烈的角逐，他最终赢得了250英里比赛的冠军。

他就是美国颇具传奇色彩的伟大赛车手——吉米·哈里波斯。

谁都渴求拿一手“好牌”，例如出身豪门，是世代巨富的子孙，或落地世家，是皇室的后代……有这么一手“好牌”，似乎随便怎么“打”都不成问题。当然，能够生来就拿到这么一手“好牌”的人毕竟不多，因为出身由不得自己选择。

面对“差牌”唉声叹气，一味相信命运的安排，不战而退，或者振作精神，奋力拼搏，主动掌握自己的命运而逆流勇进，这不仅反映了两种截然不同的人生态度，而且会出现两种截然不同的人生结局。前者对手中的“差牌”不知所措，无所作为，在唉声叹气中消耗时光，消磨意志，从而顺着“差牌”的套路一步步走向败局；后者积极发挥自己的主观能动性，娴熟而巧妙地运用各种可以抢占和利用的先机，精心运筹，步步为营，从而打破“差牌”的劣势而最终取得胜利。

其实，人生并非只有一局牌，无论是好牌还是坏牌，都得用心去打。拿到好牌，也得运筹帷幄，要打出精彩；拿到坏牌，更需小心谨慎，尽量少失分。把握住机遇，将手中的“牌”发挥到极致。这样，当牌局终了时，我们能够理直气壮、问心无愧地说：虽然没赢，却没有出错一张牌。

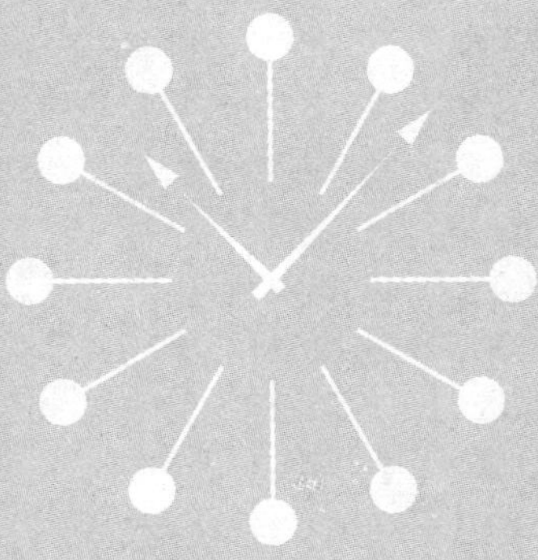

It's Never Too Late

第7章

静心，等茶叶落到杯子底部

1. 把浮躁的心安顿下来
2. 一切顺其自然，结果会更好
3. 节奏慢，心思才专一
4. 念由心生，心念平和才能智慧过人
5. 享受孤单

1. 把浮躁的心安顿下来

浮躁充斥着现实生活，每个人多少都会产生不淡定的情绪。很多人缓解身心压力时，喜欢去爬山，看看山上的风景，心里就会觉得比较清静、舒坦、开朗。因为山上视野宽阔，使得我们的心境舒展了，从而使我们认识到自己的渺小以及自己的烦恼不值得一提，浮躁的心得以安静下来。

在一家百货公司受理顾客问题的柜台前，许多女士排着长长的队伍，先后向柜台后的那位年轻小姐诉说她们所遭遇的困难和不愉快。

在这些投诉的妇女中，有的十分愤怒且蛮不讲理，有的甚至讲出很难听的话。柜台后的这位年轻小姐，一一接待了这些愤怒而不满的妇女，丝毫未表现出一点儿不快。她的脸上始终带着微笑，指导这些妇女们前往相应的部门，她的态度优雅而镇静，使在场的人感到非常惊讶。

站在她背后的是另一位年轻小姐，在纸条上写下一些字，然后把纸条交给站在面前的那位女郎。这些纸条很简要地记下妇女们抱怨的内容，但省略了这些妇女原有的尖酸而愤怒的语气。

原来，站在柜台后面、面带微笑聆听顾客抱怨的这位年轻小姐是个聋子，她的助手通过纸条把所有必要的事实告诉她。有人对这种安排十分感兴趣，于是便去访问这家百货公司的经理。

经理说，他之所以挑选一名耳聋的小姐，承担公司中最艰难而又最重要的一项工作，主要是因为他找不到其他具有足够平静心态的人来担任这项工作。访问者站在那儿，观看那群排成长队的妇女，发现柜台后面那位年轻小姐脸上亲切的微笑会对那些愤怒的妇女们的负面情绪产生稳定和积极的影响。

她们来到她面前时，个个像是咆哮怒吼的野狼；但当她们离开时，个个像是温顺柔和的绵羊。她们之中的某些人离开时，脸上甚至露出羞怯的神情，因为这位年轻小姐的心如止水般平静，已使她们对自己的行为感到羞愧。

人生就是这样，活在当下，说着简单，其实是一种需要修炼的功夫。放弃不切实际的幻想，甚至不去想那些似乎是比较“实际”的东西，专注于做好当下的每件事，学会耐得住寂寞，抵得住诱惑。

面对世事，如果能很轻松、很自在地不断观察和反省，心就会慢慢变得平和淡定下来，把用在担忧焦虑上的精力节省下来好好用功，在做事时，要很诚恳、很用心，以亲切委婉的态度，认认真真地去做，方能达到预期的效果。

日照禅师经常周游名山大川。他很喜爱花草树木，所住的山间道场边总种有许多奇花异树。

一天，禅师在山中巡视，正坐在一块大石头上休息，身边的两个侍者却为了一棵大树起了争执。

甲侍者说："这叫香樟，有30年了吧！长得很快啊！"

乙侍者说："不是！这叫牛樟，顶多只有30年。"

甲侍者又说："这个香味，一闻就知道是香樟。"

乙侍者则说："牛樟也有香味啊！"就这样，两个侍者你一言我一句，互不相让，争得面红耳赤。

争论不下之时，甲侍者掉过头来，询问日照禅师："师父，这棵树是您种的，您说，这棵树是香樟吧？"

禅师说："我耳朵聋了，听不到你讲话。"

乙侍者也问："我们山上有许多牛樟，不都是您种的吗？"

禅师答："我眼睛瞎了，等看得到的时候再告诉你吧！"

两位侍者觉得自讨没趣，不解一向耳聪目明的师父怎么会忽然说他耳聋眼瞎了呢？

二人正面面相觑，日照禅师又喃喃地说了一句："一切随它去吧！"

两名侍者为了一棵树的种类而纷争不已，到最后还要请老师来裁决。本来，香樟也好，牛樟也好，都只是树的名字而已，但是一计较、一争执，本来一棵很平静的树却带动了两颗浮躁的心。

如果有一个地方能让我们抛却浮躁，进入达观、空灵的境界，那不是人生理想的栖居地吗？何必刻意地去寻找？一片生机盎然的花圃、一座巍巍葱茏的大山、一场纷纷扬扬的大雪、一本泛着墨香的书卷，都可以成为我们自由而诗意的栖居地，都可以容纳我们放逐的心灵和漂泊的意志。

自由的栖居，须放得下繁华，耐得住寂寞。若是心恋浮华，不舍喧嚣，终不得心灵的安顿。一个人若汲汲于富贵，切切于名禄，桎梏于外物，怎可能出离尘世而追寻幽独？就好比一匹马，如果被拴上了枷锁车套，只会一味地卖力奔驰，哪有机会停下来思索自己的人生？

想自由地栖居，就不要受拘于外物，不以物喜，不以己悲。外物总是短暂而易腐朽的，生命的灵魂才是永恒的。

2. 一切顺其自然，结果会更好

老子说：“人法地，地法天，天法道，道法自然。”世界上最大的法则是自然法则，人的法则其实是最小的，顺其自然才是人类的生存之道。当然，顺其自然不是指消极以对，而是心思沉静下来的智慧。

古时候，有一个国王，他很宠爱他的宰相，这个宰相的口头禅就是“一切都是最好的安排”。国王很喜欢出游，而且经常带着他的宰相。有一天，他们带着侍卫出去打猎，国王打中了一头狮子，兴冲冲地跑了过去，谁知道狮子并没有死，看到国王走近，突然奋起袭击国王。在侍卫的救护下，国王活了下来，但是受了伤，而且小拇指被折断了。国王很伤心，可是宰相还是说“一切都是最好的安排”，所以国王很愤怒，把宰相关了起来。

过了一个月，国王的伤好了，他又想出去玩了，往常他会带着宰相，可是这次，他准备自己一个人出去。他骑着快马，来到了国界附近的丛林之中，看着皎洁的月亮，他很舒怀地走在深林里的小路上。这时候突然来了一群野人，把他团团围住，原来在这附近生活着一些古老部落的人，他们会在月圆之夜抓一个人献祭给上天，国王很不幸地成为了他们的猎物。野人们把国王的衣服撕掉，很开心今天抓到了一个细皮嫩肉的祭品，相信老天一定会满意这份礼物，下个月肯定会保佑他们抓到更多的猎物。就在他们把国王推上祭坛的时候，有人发现国王的小拇指残缺了，“呃——！”野人们发出愤怒的叫声，献给神的礼物怎么能有残缺呢？所以他们把国王放了。

国王回到皇宫后，下令把宰相请过来。国王对宰相说：“我今天才领略到‘一切都是最好的安排’这句话的意义。不过，爱卿，我因为小指断掉逃过一劫，你却因此受了一个月的牢狱之灾，这要怎么解释呢？”宰相笑了笑，说道：“陛下，如果我不是在狱中，依往日惯例，肯定要陪您出行。野人们发现您无法作为祭品的时候，不就会拿我祭神了吗？臣还要谢谢陛下的救命之恩呢！”

所以，一切都是最好的安排，感恩你在生命中所遭遇的一切。

总有清冷的清晨，总有暖和的午后，总有绚烂的黄昏，总有流星的夜晚，所以，不如保持顺其自然的心境，把握住每一天。

把一切都看作最好的安排，心平气和地接受原本不如意的地方。如果你天生一副笨嘴笨舌的样子，那就不强求靠滔滔不绝、高谈阔论以吸引别人的注意；如果你天生多情善感，就不要总是违背心意，装出一副强大无比的样貌，失去真实的自己……大树有大树的风采，小草也有小草的可爱。山鸡披上孔雀的羽毛，不是凤凰；小鸭学着天鹅的嗓子，也成不了歌王。造物主给了每个人独一无二的天性，你要做的就是顺其自然，把自己的天性发挥到极致。

人生不是比赛，幸福和成功也不需要终点。只要你稍加留意，就会发现，许多在事业上很成功的人，其个人生活未必幸福；生活过得愉悦自在的人，却未必都拥有成功的事业。

一天，有三个人不约而同来向佛祖借钱，都说要去做生意。佛祖答应了，不过先只给他们各人1两银子，要看5天后每个人能赚多少钱再做决定。

第一个人用银子买草绳做草鞋卖，挣了5分银子；

第二个人买来材料做风筝，正赶上春节，好卖，挣了1两银子；

第三个人则说，1两银子能干什么呢？他拿了钱就去喝酒，喝到只剩下1分银子，就买张纸托人给佛祖捎了一封信：我要去寺庙里读书。佛祖让人送了10两银子给他去寺庙。

5天很快过去了，佛祖决定借给编草鞋的100两银子，借给做风筝的200两银子，而给第三个人1000两银子。

众菩萨不解，问何故。

佛祖说："编草鞋的兢兢业业，不浪费一分钱，不会饿死，但也成不了富人；做风筝的比编草鞋的聪明，有头脑，善于把握时机，但仅看到眼前的时机是不够的，他也许能成为富人，但成不了巨富；至于那个书生，不为金钱所累，顺其自然正是赚钱的最高境界。"

1年后，编草鞋的还清了本息，还开了一间铁匠铺；做风筝的贩卖盐和干海货，已经开了5间店铺；而写信的那个小子空手而回，他拿了钱去平壤，被一个美女迷住，还没搞清楚怎么回事，银子已经没有了，回来的路费都是向美女借的。佛祖决定再借给他2000两银子，1年后再见。但到了时间，那家伙压根儿没露面。

一晃8年过去了，那个人回来了，向佛祖借10辆牛车。

10天后，10辆牛车装满了质量上乘的人参回来了。所有人都大吃一惊，要知道，一辆牛车一驮货，10驮人参值10万两白银。

那人道明了原委：几年前他怀揣2000两白银，马上去找那个美女，和她结了婚，过了几天好日子，直到银子只剩100两，他全部买了人参种子，离开平壤去了开平，在深山老林里选中一处背阴的山坡，将种子随风撒下，然后回平壤和美女开了家酒馆。

6年过去了，那片山坡已成参田。为了报答佛祖，货值10万两白银的人参他只要了5万两，没费太大的力气就挣了笔巨款。

万物的枯荣皆有其规律，花儿不会因为人们喜爱而常开，月亮也不会因为人们不满而不缺。自然的法则是博大的，也是残酷的，繁荣也好，枯萎也罢，随着时间的流逝，终究是要消失的。《心经》里所说的“色即是空，空即是色”，就是这个道理。

成功有时并不需要刻意而为，不去刻意追逐，顺其自然而成大器。一个人执着于目标苦苦追求，反而会为其所累；只有懂得放下，放下渴望成功的那颗心，顺其自然，才可能得到最大的成功。

美貌、权力、财富、名誉都不过是过眼烟云，人应该学会顺其自然地活着，越是刻意追求，越是会被其所累，迷失了自己。为求一份尽善尽美，人们绞尽脑汁，殚精竭虑，每遇关系重大、情形复杂的状况，更是寝食难安。其实，遇上难越的坎儿，与其百般思量，不如顺其自然，结果反而会更好。

3. 节奏慢，心思才专一

在自然界，行动缓慢的动物，寿命往往较长，因为它消耗少、新陈代谢慢、心率也很低，节省了不少能量。假设能量是有限的，慢用当然比快用长久。放慢人生的速度能够让人冷静下来，谁都有机会发现成功所藏之处，只是看你愿不愿意在放慢速度后细心地寻找。

有一位年轻人乘火车去某地。火车行驶在一片荒无人烟的山野之中，车上的乘客们百无聊赖地望着窗外。

前面有个拐弯处，当火车减速时，一座简陋的平房缓缓地进入人们的视野，几乎所有乘客都睁大眼睛，“欣赏”起寂寞旅途中这道特别的风景。

众乘客开始议论起这座房子。年轻人的心为之一动，从某地返回时，他中途下了车，不辞辛苦地找到了那座房子。房子的主人告诉那个年轻人他正想以低价卖掉房屋，火车的噪音使他不能再继续忍受下去了，但一直无人问津。不久，年轻人用3万元买下了那间平房。很快，他开始和一些大公司联系，希望有公司来这里做广告，他认为此处可以立广告牌，因为火车经过这里的时候速度会慢下来，同时旅客会被这道独特的风景所吸引。后来，可口可乐公司看中了这个广告媒体，在3年租期内，支付给年轻人18

万元租金。财富之门就这样被轻易地打开了。

许多人都在瞪着眼睛寻找财富，有志之士总觉得自己再往前奔一奔就够着了。所以，为了尽早达到财富或者成功的目的地，他们加快速度，抬着头昂着胸往前跑。很少有人能够低下头来瞧一瞧脚下，或许财富与成功就在脚下，却少有人愿意慢下来，弯下腰去捡拾。

米兰·昆德拉在《缓慢》一书中感叹道："为什么缓慢的乐趣消失了呢？以前那些闲逛的人们到哪里去了？在我们的世界里，悠闲被扭曲为无所事事，其实两者完全不同，无所事事的人心情郁闷、觉得无聊，并且不断寻找他所缺少的动力。"

驾车的人都知道，开快车是危险的。办企业的人，创业时懂得稳扎稳打，不会出大问题，反而在发展壮大时，经不起超常规发展的诱惑，放弃稳健的经营，去和"开飞车"的人较劲。高速可以产生极大的伤害，在高速的情况下，再坚固的物体也是脆弱的，一点点小意外都会导致受重伤甚至毁灭。

从前，有位财主巡视谷仓时，不慎将一只名表遗失，因遍寻不获，便定下赏金，要农场上的多位小孩帮忙寻找，谁能找到手表，奖金500元。

众小孩在重赏之下，无不卖力搜寻，奈何谷仓内到处都是成堆的谷粒和稻草，大家忙到太阳下山仍无所获，便一个接着一个失望地离开了。

只有一个贫穷人家的小孩，为了那笔巨额奖金，仍在不死心地寻找。

当天色渐黑，众人离去，杂沓人声静下来之后，他突然听到一个奇怪的声音，那声音“滴答、滴答”不停地响着。小孩立刻停下所有的动作，谷仓内更安静了，滴答声也响得更为清晰。小孩循着声音，终于在偌大的漆黑的谷仓中找到了那只名贵手表。

人们恐惧慢，是因为生活在快节奏的时代，仿佛一停步，就会被身边的人和社会远远地抛在后边。但你有没有发觉，过快的发展潜藏着危机，浮躁的心态、盲目的加速，只能得一时的痛快，对长远的发展来说并不是好事。很多时候，挺得住就是有成果的开始，人生到底可以跑多远，并不在于速度的快慢，而是在于是否能持久。

适当地放慢人生速度未必是坏事，慢的速度也是一种享受，更能激发人的热情。有心理学家研究证明，短短几分钟的散步、冥想、听音乐等慢速度运动就足以让人心情舒畅，甚至使人达到一种超越自我的精神境界，而且让人更容易集中精力思考问题，智慧的火花要比快速度运动下的聪慧强过百倍。

要想追求一份美满的人生，就必须静下心来，脚踏实地，摆脱速成心理的牵制，戒除急躁，明确人生最根本的目的，一步一个脚印地走下去。

4. 念由心生，心念平和才能智慧过人

“非淡泊无以明志，非宁静无以致远”。淡泊、宁静是一种平和的心境，只有淡泊，才能排除杂念；只有宁静，才能考虑深远；只有平和，才能持之以恒地长远发展。

有一位虔诚的佛教女信徒，每天都从自家的花园里，采撷鲜花到寺院供佛。一天，当她送花到佛殿时，碰巧遇到禅师从法堂出来。禅师非常欣喜地说道：“你每天都这么虔诚地来以香花供佛，依经典的记载，常以香花供佛者，来世当得庄严相貌的福报。”

信徒非常欢喜地答道：“这是应该的。我每天来寺礼佛时，自觉心灵就像洗涤过似的清凉。但回到家中，心就烦乱了。我作为一个家庭主妇，如何在烦嚣的城市中保持一颗清净平和的心呢？”

禅师反问道：“你以鲜花献佛，相信你对花草总有一些常识。我现在问你，你如何保持花朵的新鲜呢？”

信徒答道：“保持花朵新鲜的方法，莫过于每天换水，并且在换水时，把花梗剪去一截。因为花梗的一端在水里容易腐烂，腐烂之后水分不易吸收，就容易凋谢！”

禅师道：“保持一颗清净纯洁的心，其道理也是一样。我

们的生活环境就像瓶里的水，我们就是花。唯有不停净化我们的身心，变化我们的气质，并且不断地忏悔、检讨，改进陋习、缺点，才能不断吸收到大自然的食粮。”

信徒听后，欢喜作礼感谢，说道：“谢谢禅师的明示，希望以后有机会亲近禅师，过一段寺院中禅者的生活，享受晨钟暮鼓、菩提梵唱的宁静。”

禅师道：“你的呼吸便是梵唱，脉搏跳动就是钟鼓，身体便是庙宇，两耳就是菩提，无处不是宁静，又何必多此一举再到寺院中生活呢？”

古语说：“热闹场中做道场。”只要自己息下妄缘，抛开杂念，哪里不可得宁静呢！过去的人多选择深山古寺。如果自己妄想不除，就算住在深山古寺，一样无法修持。禅者重视当下，何必明天呢？“参禅何须山水地，灭却心头火亦凉。”即此之谓也。

佛家有言：“制心一处，无事不办。”说的是心神若不集中，事情往往办不好；若情感专一、意念统一，没什么事是做不成的。制心一处，是佛家修心养性的一种禅理，对于像你我这样被烦恼包围的现代人来说，不失为一种宁心静气的良方。俗话说：“心平百难散，意定万事吉。”心平气和，没有暴戾之气，灾难自然就会远离；意念坚定，万事自然就会吉祥如意。

有一个巨商为躲避动荡，把所有家财换成金银票据，特制了一把油纸伞，将金银票据小心地藏进伞柄内，然后，把自己打扮成普通百姓，带上雨伞，准备归隐乡野。

不料，他途中打了一个盹，醒来之后，雨伞竟然不见了。巨商毕竟经商数年，他不动声色地仔细观察，发现随身携带的包裹完好无损，便断定拿雨伞之人肯定不是专业盗贼，估计是过路人顺手牵羊拿走了雨伞，此人应该就在附近。

巨商就在此地住了下来，购置了修伞工具，干起了修伞的营生。春去秋来，一晃两年过去了，他没有等来自己的那把伞。但是，巨商在修伞的过程中，了解到有些人在雨伞坏得不值得一修的时候，就会买把新雨伞。巨商于是又改行做“旧伞换新伞”，并且换伞不加钱，一时间，前来换伞的人络绎不绝。

不久，有一个中年人夹着一把破旧的油纸伞匆匆赶来，巨商接过一看，正是自己魂牵梦萦的那把雨伞，伞柄处完好无损。巨商不动声色地给了那人一把新雨伞，那人离去以后，巨商转身进门查看，伞柄内的票据完好无损。

对人生而言，平和是一种智慧，更是一种韧性，是一笔宝贵的财富。它让我们懂得，一旦面前出现惊涛骇浪、乌云笼罩，焦虑、苦恼非但于事无补，有时还会使事情变得更糟，而恰如其分的冷静能够让你稳住阵脚、挽回损失。

意动则心动，念由心生，心念平和才能智慧过人。要坚定从容，不为外物所扰，心中时刻记着自己的目标，才能事业有成。

宽宏的心胸和安静的心智都是强大而无形的力量，那些懂得生活的人，都是懂得将心神归置一处的智慧之人，他们明白一心一用才可实现理想的道理。

“竹杖芒鞋轻胜马，一蓑烟雨任平生”，以平和恬静的心态去品味生活中的酸甜苦辣，去参透与超越人世间的功名利禄，于平凡之中做出不平凡的业绩，从而实现人生追求的最高境界。

5. 享受孤单

林徽因说：“红尘陌上，独自行走，绿萝拂过衣襟，青云打湿诺言。山和水可以两两相忘，日与月可以毫无瓜葛。那时候，只一个人的浮世清欢，一个人的细水长流。”的确，“静坐无所为，春来草自青”，唯有让流水平静下来，太阳和月亮才能在它的表面呈现倒影；只有当人沉静下来，才能清晰地思考，找到人生正确的答案。

朋友第一次去听音乐会，一路上忐忑不安，生怕出丑。舞台上演奏着天书一样的作品，朋友这种门外汉如坐针毡。他百无聊赖地看过这些人的脸，就看到了舞台最后面的右侧，坐着两个看起来和他差不多无聊的人——穿着黑色的西装，头发油亮，神色肃穆，双腿间放着一柄金光闪闪的大号。

朋友望着那两个人，他们像木偶一样看着前方，双手以标准的姿势握着自己的大号。

半个小时以后，这两个大号手依然如故。

朋友来了兴致，数着拍子等他们拿起号来。又过了15分钟，这两个人依然如故。

大提琴拉起来了，大鼓也敲打了起来，还有一些朋友不知道是什么的打击乐器也加入了进来，音乐变得雄壮起来，高潮像海浪般向观众们扑来——那两位可怜的大号手依然一动不动。

已经过了两个小时了，两个孤独的大号手依然坐在角落里，还是一动不动。

朋友变得着急起来，期待着下一个小节，或者下下个小节，他们会抬起大号，加入这瑰丽的乐章。

朋友绝望地感到这场演奏就快结束了，大号手就快这样离开了。

就在此时，朋友听到了震耳欲聋的一声响，朋友惊讶地发现两个大号手已经把号握在了手上——刚刚那一声无疑是他们发出的。

朋友惊喜地看着他们，在漫长的等待之后，终于长长地出了一口气。一、二、三、四……大号手终于吹奏起来，他们的声音压过了音乐厅里一切其他声音，朋友感到整个大厅都在颤抖，音乐是那样壮阔地把人们的视野和心灵打开了。

全场的人热烈地鼓起掌来。

幕布拉上了。在3个小时的演奏里，他们只吹奏了不到3分钟的时间就离开了。

事后，朋友跟他的父亲说到了那两个大号手，父亲说："他们要做的就是一直数拍子，然后，吹出那剧烈的一响，那一响可不是随便谁都能吹出来的。"

西方哲人说："世界上最强的人，也是最孤独的人。"一个人选择了事业，也就在一定程度上选择了孤独，越是精神丰富、才智超群的人，越容易感受到孤独，越容易饱受孤独的煎熬。孤独让人远离尘嚣和喧闹，不受飞短流长的羁绊，不为名利权贵而踯躅，精神如白云行空，无拘无束、自由自在，灵魂在自我营造的天地中自由驰骋，净化升华。孤独至极，能令人大彻大悟。

正如贝多芬所说："当我最孤独的时候，也就是我最不孤独的时候。"因为在孤独时，他才更能领略到音乐的美妙。贝多芬的音乐不是推杯换盏前的序曲，也不是繁华交际场中的产物。孤独最害怕喧嚣，也最能战胜喧嚣和浮躁。

十多年前，在李世南先生家里看到一幅他早期的作品。画中一人正挥毫作画，头上蜘蛛结网，脚边站立着一只小老鼠与之相对而视。题款曰：吾客居长安马军寨村舍小屋，每于夜深人静读书作画之际，常见门隙中溜进小鼠对吾大胆窥视，久之且敢盘旋于吾足下，甚觉可哀。人尚知孤，兽岂例外乎?

这幅名为《孤独》的作品，生动地表露了这位喜欢独处的著名画家多愁善感的性情和当时困厄中孤独心境的写照。

正是这种孤独，使李世南在马军寨农舍两年半的独居中，思维和艺术不断升华，泼墨人物臻于成熟，形成了鲜明的个人艺术风格。

孤独造就了中国画坛一位重量级的水墨画大家。

孤独其实是一种心理感受，有的人长期孤灯独处，也感到很充实；有的人夜夜狂欢，心里面却仍有无边的寂寞。曲终人散后留下的空虚，比孤独本身更可怕。有这么一句歌词：“孤独，是一个人的狂欢；狂欢，是一群人的孤单。”

心智成熟的人是在孤独中成长起来的，因为一个人只有在安静的时候，才有机会直面和审视自己的心灵。孤独的状态不是指地理上的偏居一隅，而是给自己的心灵留有足够安静的时空。

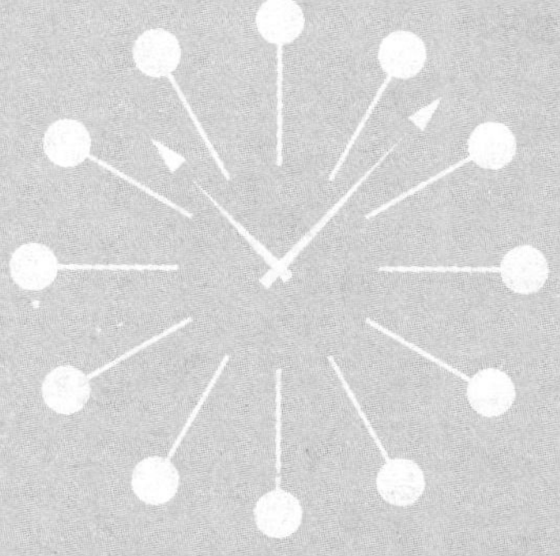

It's Never Too Late

第8章

爱情，小火慢炖方能香气四溢

1. 没有温度的爱情，永远暖不了心
2. 爱情，攥得太紧容易丢
3. 一见钟情，不如日久生情
4. 真正的爱，经得起平淡的流年
5. 琐碎婚姻里的“微幸福”
6. 最浪漫的事，就是和你一起慢慢变老

1. 没有温度的爱情，永远暖不了心

爱情就像熊熊燃烧的火焰，把两颗心烧得暖烘烘的。如果两个人在一起完全没有激情，感觉不到一点温度，那样的爱情不要也罢。

她有一个条件很不错的男朋友：家世清白，背景良好，本人是经理，开银色的马自达，在市中心的高层建筑里有一套公寓。大家都很羡慕她，只是她自己总觉得他们之间差了一点什么。

他俩每个星期约会一次，在星巴克喝咖啡，然后去保利剧院看一场歌剧或者其他演出。他很绅士，她很淑女，两个人会彬彬有礼地交换一下对最近的天气和股市的意见，气氛不温不火。

这样下去也许会结婚吧，她想，心里已经隐隐地觉得有一点累了。

这年冬天的一天，天很晚了，他送她回家，经过一个路口的时候正遇上红灯，他把车停下来等待。她百无聊赖地转过头看窗外，无意中看见路边的大排档上，坐着一对情侣。

大排档非常简陋，他们就坐在面对马路的一个条凳上。那两个人都很年轻，男孩子在女孩子耳边轻轻地说着什么，女孩子只是“哧哧”地笑，那样灿烂的笑容，似乎让昏暗的灯光也变得明亮起来了。

她注意到，桌子下面，男孩子一直握着女孩子的一只手。

这个时候，老板端过来一大碗热气腾腾的汤面，隔着车窗，她似乎也能感觉到面的热度。男孩子小心翼翼地接过汤面放在两个人的中间，细心地给女孩子掰开一双筷子，两人相视一笑，开始一起吃面。

是的，他们在分食一碗面。也许是因为他们太穷，也许只是她在撒娇，然而，对他们来讲，那似乎是驾轻就熟的事情。趁女孩不注意，男孩轻轻地把碗向她推近一点，好让她比较方便吃。寒冷的冬夜里，他们埋头分享一碗面，两颗头紧紧地靠在一起，那是分享无言的亲昵，也是分享无比的温暖。

她忽然觉得眼睛有点湿了，她看见桌子下面，他们紧握在一起的两只手，一直没有分开过。

她很快向男友提出了分手，所有的人都笑她傻。

只有她知道这是因为自己见过真正的爱情的模样。有时候，那只是在寒冷的夜里，一碗简单的热汤面。

情侣之间，怕的不是争吵，不是高达上千摄氏度的怒火，怕的是没有温度的沉默，怕的是你有情他不愿，他的心如石头，怎么都捂不热。

她的丈夫鹏是她的初恋。认识他是在一个酒吧里，她对他一见钟情。

那时，他有女朋友，叫丽。丽是鹏的高中同班同学，上大学后两个人才开始交往，丽在另一个城市读书。

她表白了。被鹏拒绝后，她没有再提和他交往的事。

但她哪肯轻易认输？当时她年少无知，认为世界上没有“抢”不到的东西，只有不愿竞争的人。

第一次与鹏的女友丽“正面交锋”，是在寒假回家时。鹏邀请她和几个同学到他家庆祝生日。丽确实有独特之处，高傲冷艳。但这样的气质在鹏的父母眼中就显得有点不懂礼貌了。

她感觉出鹏的父母不太喜欢他的女友，对其他朋友都热情招呼，唯独冷落了丽。这让她发现了一条“捷径”。

那晚，当所有人都围绕在鹏和丽的身边玩闹时，只有她陪在他的父母身旁，和他们聊校园的趣事。他母亲别有深意地问她：“你父母在哪里工作？”她“谦虚”地告知她实情，鹏的妈妈脸上有一闪而过的惊喜。

临别时，鹏的母亲竟对他说：“你送送颖吧，她一个女生自己回家不安全。”

鹏面露难色，丽也颇不高兴。

她抓紧时机“破坏”鹏的爱情。

3年后，婚姻最终把她和他绑在一起，可他的心却离她越来越远。

她们结婚已经整整7年了，她依旧没能感受到他对她的爱。他总是借出差离家躲避，他俩至今还没有孩子。

她曾问过他：“难道这辈子，你都如此冷漠，给不了我爱情和幸福吗？”

他平静地说：“不知道。或许等到丽老了，我丧失了爱的能力，心也麻木了，只能和你相互依靠了，那时我们才能稍微幸福一点吧。”

心理学家弗洛姆说：“爱情可以使人克服孤寂和与世隔绝，但同时又使人保持对自己的忠诚，保持自己的完整性和未来的面貌。”人们本应在爱情中得到鼓励和滋养，在爱情中变得丰富和强壮。如果爱情让我们变得更孱弱，变得更残缺，那么这种爱情就是不成熟的。

在成熟的爱情之中，人会相信自己，也会相信对方，并从爱情之中得到力量，有极少的猜疑、更多的信任。双方的心灵都是自由的，但又是相互吸引的，每个人都致力于自身的完善，并且相互促进。爱情的空间是开放的，但又是相互融合的。

在真正的爱情里，个性不是被泯灭，而是和谐地发展。爱情不是鸟笼，婚姻也不是围城，而是一片自由的天空。两个相爱的人，如两只飞翔的鸟儿，各自奋力地拍动着自己的翅膀，但又相互依偎着，不离不弃地朝着同一个方向飞……

2. 爱情，攥得太紧容易丢

爱情，如握在手里的沙，攥得越紧，漏掉得越多。

一个女孩爱上了一个男孩，不久，两个人确立了恋爱关系。但她总是患得患失，害怕男孩会爱上别人，所以对男孩的行踪控制得很紧。男孩出门时间稍微长一些，她都要盘问半天；男孩的手机她更是每天必翻看，他给谁打电话了，给谁发信息了，她都要知道。

他们结婚了。婚后女孩并没有丝毫改变，反而对男孩管得更紧了。她的心里眼里，全是男孩，有什么好吃的，她都留着给男孩吃；自己舍不得乱花一分钱，但给男孩买东西时连眉头也不皱一下。

这样的爱，让男孩感到窒息。有一次，男孩因为有应酬回家晚了，女孩不依不饶地追问他是跟哪些人在一起，还一一打电话去核实。男孩对女孩说："要不，我们散了吧，那样对你、对我，或许都是好的。"女孩听了，愣愣地盯着男孩两分钟，然后什么也没说，就往阳台上跑。男孩赶紧跟在后面追，在女孩纵身跳下楼的前一秒钟，从背后抱住了她。

事后，女孩泪流满面地说："在这个城市，我举目无亲，就你一个亲人，你不要我了，我还有什么活头？"男孩的心便像从荆棘上滚过，很疼痛地跳了一下。他想，女孩到底是爱他的。他不敢再提离婚的事。

女孩却因此抓住了男孩的“软肋”，动不动就嚷着要跳楼。每一次，都是男孩道歉了才作罢。

一日，单位临时派男孩出差，因为走得匆忙，男孩没来得及跟女孩打招呼。后来在半路上，男孩给女孩打电话，告诉她他出差了。女孩知道了恼怒不已，说男孩糊弄她，怎么走之前没听他说要出差。她要男孩立即赶回来。男孩说：“别闹，我在路上呢。”女孩却不管不顾地说：“我就要你回来，你不回来，我立即跳楼。”

男孩怕女孩出事，在急匆匆地往回赶的路上，闯了红灯，碰上了一辆大卡车。

医院里，医生说必须把男孩受伤的那条腿截肢。女孩泪流满面。

恋爱初期，对方的一个眼神、一个拥抱、一句安慰，都能让自已心动不已，心里美得像吃了蜜一样。

然而，欲望的沟壑是很难填满的，得不到的总想要，得到了，又想要得更多。他愿意牵起你的手，陪你一起走下去。但是，你对他的要求更多了，对你现在所拥有的不再满足，自然而然，你的失望和泪水也就多了。

原本单纯的心灵，渐生抱怨、猜忌、痛苦。你觉得他不重视你，无视你的忧愁，甚至觉得他从来没有喜欢过你。其实，他也在迷惑，他也觉得你和当初不一样了。以前，两个人什么话都可以说，一起嬉笑怒骂，无拘无束；而现在，一点小事就会引来不愉快，然后争吵，有时候，两个人甚至觉得没有交谈的必要，干脆连语言沟通都免了，只剩下无休止的冷战。

以前，她总缠着他一起下棋。一张围棋盘，两把黑白子，五子连珠，上下纵横左斜右贯，一不留神就被他赢了去。

每每这时，她就牵着他的衣袖撒娇："我没看到嘛，我要悔棋嘛……"

而他总是一脸无辜，但看到她的嘴巴好笑地翘起来时，他只好伸出手指去刮刮她的鼻子，让她悔棋，然后接着下。

这样下五子棋的结果，当然总是她赢得多。

赢了，她就满脸阳光。

后来，因为女孩的任性和固执，两个人最终分手。之后，他独自去了遥远的南方城市。

在天气很好的午后，她忽然想下棋，却找不到一起下棋的人。

好在有网络，于是她跑进书房，打开电脑，直奔游戏世界。

一样的方格棋盘，一样的白子黑子，然而她手上握着的，却只有鼠标。

第一回合，她输了。

第二回合，她还是输了。

第三回合，下到第5分钟，她只能对着电脑屏幕发呆：眼看着又要输了。左思右想，回天乏术！而对方却不停地催促：快！快！

于是她急急地去点击屏幕右上角的“悔棋”。对方回复：不同意！

她不甘心，一而再再而三地去点“悔棋”，然而对方也咬定牙关，就是不同意！

她翻箱倒柜地从抽屉深处翻出一个盒子，从里面找出他的手机号码拨过去。电话听筒里，却一遍遍地重复着一个声音：您拨打的电话是空号……

爱情中，一个人的霸道无理，是以另一方的宽容忍耐为前提。当你仗着对方爱你，源源不断地向对方索取宽容时，终有一天会扭断爱情的琴弦。

有个姑娘即将出嫁，一次，她请亲人朋友一起去沙滩上玩，她问妈妈：“妈，婚后我该怎么把握自己的爱情呢？”妈妈笑了笑，从地上捧起一捧沙，刚开始手松松的，沙子在手中装得满满的，没有一点流失，没有一点撒落；接着用力将手握紧，沙子立刻从指缝间泻落下来，待把手张开时，原来那捧沙子已所剩无几。姑娘明白了，对妈妈点了点头。

爱情无须刻意去把握，越是想抓牢爱情，反而越容易失去。轻松地爱，平静地爱，爱才能够持久。如同一张弓，弦绷得太紧了，就容易断掉，而断掉的弦反弹回来，一定会抽痛你的手背。

3. 一见钟情，不如日久生情

电视相亲节目《非诚勿扰》人气爆棚，台上好多女嘉宾相信一见钟情，总想碰到个完美的爱人，一见倾心，恩爱白头。而现实生活往往是，一见钟情，再见生烦，三见生厌。反而是那些日久生情的情侣，爱情细水长流，经得起时间的考验，终得正果。

在他和她相爱的第三年，她总感到自己太压抑，想出去走走。他没有说一句挽留她的话，只是在机场为她送行时送她一盒拼图。他说：“这盒拼图有整整1000块。我不要你很快将它拼完，而是希望你在想起我的时候，就拼一块。当你拼完的时候，想回来了，那我在这里等你；如果你不想回来，那么我祝福你。”

于是她带着拼图飞走了，偶尔会给他打打电话，两个人总是淡淡的，关于她的归期，她不说，他也不问。

第一年，她在富士山看樱花，她说她的拼图只拼了150块，因为樱花太美了，让她无暇想起他。

第二年，她在白宫旁的小路上散步，好像想他的日子多了起来，因为她拼到了480块。

第三年，她说她忽然想看看康桥的美，于是来到有着惜别味道的康桥。这一年，她的拼图拼到第819块。

朋友们都在劝他，不要再等她了。但他只是笑笑。

第四年，他没有收到她的任何信，也没有接到她的电话，因为她回来了，做了他的妻子。朋友们都很惊讶，一贯不喜欢被约束的她怎么会回来，而且还成为他的妻子呢？听到这个问题的她总是一笑，指着他们家客厅挂的一幅画说："都是因为它。"

抬眼看去，随着岁月的流逝，整幅画看上去灰蒙蒙的。

"这没有什么啊。"朋友们不解地说。

"再仔细看看。"她耐心地说，并用手指了指画的右下角。

在那里，有个繁体的"爱"字，是一个有"心"的"爱"字。"心"字其中一点的小拼块和其他的拼块不同，它很新，有着不同的光泽。

那年的她在拼完第999块的时候，怔住了，她想想他在机场所说的话，明白了。于是她回来了，让一直等待的他为她的这幅画补上了最后的一小块，成全了那颗心，成全了爱，成全了他和她之间的爱情。

爱情开始的方式有两种：一种是刹那间四目相对、电光石火、心潮澎湃、情愫暗涌，而后魂牵梦萦、茶饭不思、衣带渐宽、日渐憔悴，此谓一见钟情；另一种是波澜不惊、日积月累，有一天机缘巧合，恍然大悟、情投意合、相见恨晚，此谓日久生情。

一见钟情的爱情难以长久。一见钟情，第一眼你就喜欢上他，甚至是爱上他，因为爱他，你可以包容他的每个错误和不足，哪怕他根本就不爱你，因为爱他，你也可以什么都不在乎。那么时间长了呢？当你厌倦了他的那些缺点，当你受够了他对你的折磨，你还会像一开始那么爱他吗？

日久生情的爱，两个人见面是很平淡的感觉，但因为在一起的时间很长，彼此了解，在了解的基础上产生的爱，会更加稳固和长久。

每当看到年迈的老奶奶搀扶着老伴散步的时候，就会感到很羡慕，他们之间缠绵的爱情，经过了岁月的洗礼，他们已经习惯了彼此的存在。

我们需要对一些人一见钟情，和几个人两情相悦，然后才会与一个人白头偕老。每一步都是过程，每个人都是回忆，每次恋情都是命中注定。

我们就像是隔海相望的两枝荼蘼，每日听晨钟暮鼓、梵歌浅唱，寂静地过了千年。只因前世的爱在我们的体内留下了相同的印记，我们于千年之后醒来，将这印记谱成相爱的曲。

或许，天空因为有鸟儿飞过，才不会寂寞；云朵因为有风儿追随，才不感到落寞；生命因为有了等待，才会开出最美的花朵。

4. 真正的爱，经得起平淡的流年

从相识、相知到相守，携手走过余下的几十个年头，没有海誓山盟，没有风花雪月，没有轰轰烈烈，没有甜言蜜语，甚至彼此间不曾说过“我爱你”，但这不是也很浪漫吗？爱的最高境界，不是轰轰烈烈地燃烧彼此，而是一起走过平淡的流年。

他爱上她的时候，她才19岁，正在远离现实世界的象牙塔里做着纯真的梦。

而他已经工作了好几年，差不多忘记了怎样浪漫，因此，他尽可能小心地呵护着她和她的精神世界。

有一天，他借来梅丽尔·斯特里普演的《苏菲的选择》和她一起看。片子看完了，她并没有真正明白片子的意义。

可是有一个镜头从此嵌入了她的脑海，令她永生难忘：当人们弄开房门，冲进屋子时，发现那两个相爱的人已相拥着告别了这个世界。

她流泪了，问他这是不是爱的最高境界。他笑了笑，没有回答，让她觉得，他一定知道更高的境界。

他等了她很多年，她终于成了他的妻子。渐渐地，不知有意无意，他们养成了相拥而眠的习惯。

无论睡梦中怎样变化姿势，无论他们因为什么事而互不理睬，第二天清晨醒来，她总是在他的怀里。

她觉得很幸福。再后来，他们之间发生了一些事，开始互相怀疑他们之间的感情。

他不再对她说“我爱你”，她也不再对他说“我也是”。

一天晚上，他们谈到了分手的事，背对背睡下了。

半夜，天上打雷了。第一声雷响时，他被惊醒了，下意识地猛地用双手去捂她的耳朵，才发现不知何时他又拥着她。

第二声雷紧接着炸开了，她睁开眼，耳里还有闷闷的雷声，他的手正从她的耳朵上拿开。

她的眼睛顿时湿润了。他们重新闭上眼，假装什么也没发生，可谁都没有再睡着。

她想，也许他还爱我，生怕我受到一点点惊吓。

他想，也许她还爱我，不然她是不会流泪的。

从热恋过渡到平淡，刚开始会不习惯。随着时间的流逝，情感总会逐渐进入平淡期，平淡得如一汪水，没有一波涟漪，如呼吸，让你感受不到它的存在。但这平淡的爱就像空气，成为我们生命不可缺少的一部分。

我们总觉得自己手中的那份爱，有些过于平淡、过于无味，于是忽略它，总喜欢凝望着窗外的夜空和都市的人流发呆，对爱有着无限的渴望和幻想，对自己拥有的这份平淡的爱有着无限的感慨，有时则回首追忆过去的时光，想紧紧地抓住那份美丽在心间。

静静地品味这平淡，才发现，它也是生命的一部分，我们割舍不下它，它如同我们的血与肉，舍去它就如同抽去我们的灵魂，因为这平淡已经浸入了我们的生活，融入了我们的生命。

嘉嘉傍晚散步，路过好友莉的家，看见她家有灯光，就想进去坐坐。

门没关，嘉嘉把头伸进门，看到莉正和她的老公像两只好斗的公鸡一样僵持着。莉一把拽住嘉嘉说："嘉嘉，你来得正好，快给评评理！"

原来事情是这样的：莉的老公吃饭时嫌天气热，顺手把上衣脱了，而莉非要他把衣服穿上，说这样不雅观。莉的老公说："这是在家里，有什么雅不雅的？再说哪个男人不打赤膊？"莉也来气了，说："别的男人我管不着，我的男人就不能打赤膊！"

嘉嘉一听，"扑哧"一声笑了，因为他们简直就是自己和老公刚结婚那年的翻版。

嘉嘉也是一个事事较真的人，和老公结婚后，纠正老公的走路姿势，讨伐老公吃饭发出声音，阻挠老公打赤膊，甚至老公要放屁，嘉嘉也要求他憋住到厕所去放。嘉嘉可以将喝醉酒没洗脚的他踢下床，甚至他生病了，嘉嘉也要求他西装革履，保持完美的形象。

新婚燕尔，老公尚能迁就，时间长了，老公可不理这一套。于是，矛盾来了，大吵三六九，小吵天天有。婚后第二年，嘉嘉意外地得了一场病，家里家外都是靠老公打理，不管老公做得怎么样，她都得接受，她没力气挑剔，没力气较真了。没想到这一“糊涂”，反而使自己的婚姻和谐起来。

嘉嘉把自己的故事讲给莉听，并且告诉她，家是释放疲倦、可以随便的地方，要想婚姻幸福，就不能太较真，要睁一只眼，闭一只眼，要揣着明白装糊涂。

过了几个月，莉夫妻俩请嘉嘉和她的老公吃饭，以表感谢，说嘉嘉的婚姻经验也让他们尝到婚姻幸福的味道了。

婚姻就是两个人搭伙过日子，太较真了，会把对方逼进死胡同，不如装装“糊涂”，既释放了自己，也解脱了对方，婚姻也会和谐起来。何乐而不为呢?

刘若英的那首《当爱在靠近》唱道：“真的想，寂寞的时候有个伴，日子再忙，也有人一起吃早餐。”多么简单的想法，多么简单的要求，很平淡的感觉，却如茉莉花开，淡淡的，纯纯的，有一种淡然、一种清醇，溢进你的呼吸，又如一股涓涓清泉，轻轻地沁入你的心田。

从某种意义上说，白头到老的夫妻更加会经营感情，他们更会拿捏情感的每个阶段，他们懂得一切热情都会归于平淡的道理。

5. 琐碎婚姻里的“微幸福”

你知道幸福在哪儿吗？亲自下厨，做一桌饭菜为爱人过生日，微笑着和爱人、孩子一起“风卷残云”；养护很久的花草，终于结出了花苞；静日的午后，给家人泡上一壶铁观音，享受和煦的阳光……

楼下是一家打印店。

阿楚每次经过，都会看到一对年轻的夫妇在店里面忙着打印，忙着给客户找零钱。

男的很高，女的比较矮；男的精瘦，女的有些胖，两人偶尔也会拌拌嘴，但配合默契。

阿楚要考会计证，去那家打印店复印几张资料，和那位年轻的女人聊了起来。

原来，他们是外地人，由于资金不太多，没法做太大的生意，就租了这个十几平方米的小店。阿楚和他们聊大城市的压力，聊收入，聊父母养老，等等，最后阿楚问了句：“你们天天和油墨打交道，不会有厌烦的时候吗？”

年轻的女人说：“有时候也会厌烦，打印是个很琐碎的事情，纸要一张张地印，墨要一点点地添，好多时候挣的只是3角5角的零钱。不过我感觉，钱虽然挣得不多，日子过得挺好的。晚上吃过饭，老公的大手扣着我的小手，在附近公园里走走。偶尔老公还会给我买一小袋草莓，或者瓜子。每当这个时候，嘴里吃着零食，聊着天，我都感觉好幸福。”

阿楚听了这段话，想了很多，她认为其实生活中永远不缺少幸福，只是多数时候人们忽略了幸福。

现在，每天她也会抽出一个小时和爱人、5岁的儿子一起在小区内玩，偶尔还会带他们去附近的果园采摘些果子。

“微幸福”很简单，就是那些小小的、并不起眼的幸福。幸福的根源不在于拥有，而在于知足，在于对眼前的境况持有一份怡然自得的心情。普通人自有普通人的“微幸福”，这种“微幸福”不问出身、不分贵贱，潜伏在寻常巷陌里，晃动在锅碗瓢盆间。

那天下了班，看到街边卖羊肉串的摊子烟熏火燎，女人受不了诱惑，缠着老公不让走，一下子买了一大把羊肉串，和老公一起蹲在地上狼吞虎咽地吃了起来。这时，一辆奥迪车停在了老公身边，已经跨入富人圈的老同学从车里探出头来，表情夸张地说：“当年的大班长，你怎么沦落到在街边吃羊肉串的境地了！”老公和他打了招呼，但没有回答他的问题；老同学把头缩了回去，升起了车窗，开着车扬长而去。坐在富丽堂皇的酒店吃鲍鱼的老同学，怎么能体会到在街边和爱人一起吃羊肉串的那份惬意？

“微幸福”很简单，需要你去感知、捕捉。平凡人的生活中难免有磕磕碰碰，只要你用心去把握生活中的“微幸福”，定格生活中的“微幸福”，就一定能收获快乐。

他每个月休息4天，只在每周的星期天休息。他原本这个周末准备陪妻子去逛街，他们已经很久没有去逛过街了，谁料天公不作美，数月来老天爷都惜雨如金，那天，瓢泼似的大雨却从早上就开始了。

他正在遗憾好不容易盼到了休息日，又被大雨冲走了兴致，只见她兴冲冲地摆出她那些品茶的宝贝，问他要喝什么茶。她如展览般地拿出泡红茶、绿茶所用的不同的茶具，还有大红袍、铁观音、生普洱、熟普洱、毛尖等各种各样的茶叶。她爱喝茶，对茶文化她可如数家珍般说得头头是道。刚结婚的时候，在她的影响下，他也常喝茶，后来工作越来越忙，哪里还有闲工夫坐下来喝茶?

她出生家境较好，认识他之前，在家里是个五谷不分的娇娇女。这10多年来，她执意跟随他漂泊在外，打工生活，昔日的娇美日渐依稀。为改变漂泊流离的生活状况，给她一个安定的家，他忙得在家里就跟住酒店似的，陪她的时间更是少之又少。每当听朋友们谈论去哪里度假，看着妻子眼神里的期盼，他就感到羞愧。

她懂得他的内疚，说：“只要你在，我就心安。其实我不祈求大富大贵，只希望一家人有空一起坐下来，品品茶、聊聊天，就是我最大的幸福了。”妻子感慨时眼中夹杂着少许泪花，但他能品出其中有无悔的爱与真淳的幸福。

很快，一缕缕淡淡的茶香便洋溢了整个房间，伴随着阳台外哗啦啦的雨声，他们一边磕着家里寄过来的瓜子，一边天南地北地聊着，聊开心的、伤心的、相关的、不相关的事。其实聊什么都不重要，甚至过耳即忘，但他却感觉很快乐，因为他逐渐地从茶香中品出了洋溢在她脸上的浓浓的幸福……

幸福不是拥有别墅、名车，而是一家人在一起拥有笑声；幸福不是被人前呼后拥、不可一世，而是有人天天陪着你；幸福不是独登高峰，而是和家人一起分享每天的小快乐。

一点点小情调，会让夫妻备感幸福。相爱的人走进婚姻的殿堂，有些人能幸福一生，有些人却半路分道扬镳。结婚以后，不要忽略了点滴的小幸福，将一个一个的小幸福汇聚起来，能够积聚成一片爱的大海。关注婚姻生活中的点点滴滴，让无数个小小的幸福陪伴你们走到白发苍苍。

6. 最浪漫的事，就是和你一起慢慢变老

“我能想到最浪漫的事，就是和你一起慢慢变老，直到我们老得哪儿也去不了，你还依然把我当成手心里的宝。”这是歌曲《最浪漫的事》中的一段歌词。平平淡淡的几句话，组合在一起后，却深深地走进人们的心里。

一天，一个男孩对一个女孩说：“如果我只有一碗粥，我会把一半给我的母亲，另一半给你。”小女孩喜欢上了小男孩。那一年，他12岁，她10岁。

过了10年，他们的村子被洪水淹没了，他不停地救人，有老人，有孩子，有认识的，有不认识的，唯独没有亲自去救她。当她被别人救出后，有人问他：“你既然喜欢她，为什么不救她？”他轻轻地说：“正是因为我爱她，我才先去救别人。她死了，我也不会独活。”于是他们在那一年结了婚。那一年，他22岁，她20岁。

后来，全国闹饥荒，他们同样穷得揭不开锅，最后家里只剩下一点点白面了，做了一碗汤面。他舍不得吃，让她吃；她舍不得吃，让他吃。当时，他42岁，她40岁。

因为祖父曾是地主，他受到了批斗。在那段年月里，她被要求“划清界线、分清是非”。她说：“我只知道，他是好人，他

爱我，我也爱他。这就足够了！”于是，她陪着他挨批斗、被挂上牌子游街，夫妻二人在苦难的岁月里接受了相同的命运。那一年，他52岁，她50岁。

许多年过去了，他和她为了锻炼身体，一起学习太极拳。这时他们已经被调到了城里，他们每天早上乘公共汽车去市中心的公园，当别人给他们让座时，他们都不愿坐下而让对方站着，两人一起手里抓着扶手站立，脸上都带着满足的微笑，于是又有其他人站起来给他们让座。那一年，他72岁，她70岁。

她说：“10年后，如果我们都死了，下辈子我一定变成他，他一定变成我，然后他再来喝我送他的半碗粥。”

这就是在几十年的风尘岁月中，慢慢变老的爱情。

幸福婚姻是什么？是生命历程的相濡以沫，是柴米油盐的人间烟火，是衣食住行的点滴浸染。最浪漫的事，其实也是最平淡的事。

爱情世界里的两个人，能想到的最浪漫的事，就是和对方一起慢慢变老。你希望我越来越温柔，我希望你放我在手心上。即使有一天，岁月老了你的容颜，使我的青丝变了白发，我们还会手牵手走在那淡金色的夕阳下，就算双眼视线模糊，也看得清彼此脸上的笑靥如花。

她自小不吃葱蒜、辣椒，一吃就反胃。但是，每次炒菜之前，她总要先切上一碟辣椒姜丝拌蒜泥，再往上浇半勺滚烫的花生油，因为这是他喜欢吃的，她很乐意做这一切。

他从来不进厨房，但他只要闻到厨房里飘出来的香味，便会不由自主地把一个酒杯摆在餐桌上，看看酒瓶里的药酒还有多少，再坐下来看电视。

等菜都端上了餐桌，他就为她斟上小半杯酒，说声“你辛苦了”，再尽情地享受桌上的美味佳肴。她呢，则独自慢慢地品尝着杯中的美酒，满眼含笑地看着他宛如贪吃的孩子般狼吞虎咽。

她也会发牢骚，因为相处的日子久了，总会有烦的时候，烦恼透顶，她会骂道：“就知道吃！我为你做了一辈子的保姆，什么时候你能做一餐像样的饭菜给我吃？”

他针尖对麦芒地说：“你会做什么？不也就知道喝？”于是二人间就有了战争。

有一天，她病倒了，他急得眼睛都红了，拉着她的手，轻声地问：“你想吃什么？告诉我，我给你做去。”她苦笑：“你会弄吗？”“我会，我这就去。”他说。

他想给她做碗鸡蛋面，手被油溅了几个红点不说，还把面煮糊了，尝一下，味道很苦，原来是盐撒多了。

他悄悄地到家对面的餐馆买来一碗牛肉面，赔着小心说：“不是我自己做的，我做不好……”她眼睛里有泪花打转转，说：“我知道，你有这份心就够了。”

过了两天，她的身体康复了，他们又恢复了以往的日子。他们的生活，就这样平平淡淡、从从容容地过着。

他们的年纪渐渐地老了，每天饭前，他还是习惯性地为她斟上小半杯药酒；而家中的冰箱里，永远都放有他爱吃的辣椒油。

《诗经·郑风·女曰鸡鸣》中，记载了情意融融的夫妻生活：妻子对丈夫说："你快起来去看看，公鸡打鸣了。"丈夫说："好，天明我去射点鸭，射点雁，回来给你吃。"妻子说："拿回来，我给你做成下酒菜。"

一辈子并不长，你也会和你的爱人每天就在这样的对话中，一天天老去。淡泊，不浮华；安然，不喧嚣，一辈子的时光就这么波澜不惊地流过了。静好的时光里琴瑟在御，是何等的浪漫啊。

红尘俗世不是一幅静止的流光溢彩的水墨画，衣食住行中总会有烦心事牵绊。可是，你想成为什么样的人，就会成为什么样的人；想过什么样的生活，就会有什么样的生活，你永远有控制自己心态的能力。只要你以浪漫的眼光看待这流年中的点滴，定会享得琴瑟在御，岁月静好。

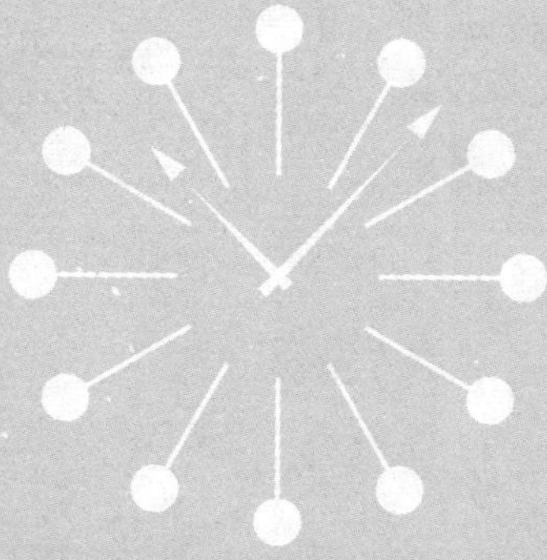

It's Never Too Late

第9章

寂寞，从容去做应该做的事

1. 门前冷清，正好踏踏实实做点事
2. 与其在寂寞中颓废，不如在寂寞中丰盈自己
3. 独处，是另一种修行
4. 尽管去做，结果迟早会来
5. 每天进步一点点，就会产生质变
6. 安心等待最佳时机的到来
7. 守得云开见月明

1. 门前冷清，正好踏踏实实做点事

谁不希望过出门有人捧、进门有人迎的生活？但在你没有取得一定的成就之前，你拥有的只是门前冷清。不过，这一段清静的时光恰好可用来努力做点事。正如世界首富比尔·盖茨所说："这个世界不会在意你的自尊。这个世界指望你在自我感觉良好之前先要有所成就。"

每个优秀的人，都经历过一段静默的时光。在那段时光里，他们不抱怨，不诉苦，只是埋首努力，只问耕耘，不问收获。

如今，我们都熟悉在舞台上把女人的妩媚动人和风情万种比女人演绎得更淋漓尽致的男人，他就是在央视《星光大道》节目上一举成名的李玉刚。名声在外的李玉刚现在出门都得戴墨镜了，以前只是民间的小演员，现在成了"空中飞人"。这一切都是他在没有那么多掌声的时候默默努力换来的。

李玉刚出生于吉林省的一个普通农民家庭，受喜欢二人转的妈妈影响，从小就喜爱唱歌跳舞。但他从21岁起才开始正式练舞蹈、练身段，并决定把这当作自己一生的事业。

李玉刚现在的表演形式吸取了京剧、舞蹈、歌唱、化妆、服装等很多方面的精华，但他最开始并不懂京剧，所能做的只有拼命学习。京剧复杂难懂，李玉刚后来说，那个时候感觉，“哎呀，京剧太难了”，几度要放弃。他每天早起坐车去老师家，坐车2个小时，学4个小时，回来再练2个小时，一天6个小时泡在京剧里。

有人说，在舞台上，李玉刚的眼神实在是美丽动人。这种眼神的艺术效果并不是出自化妆大师之手，而是李玉刚自己的杰作。

由于李玉刚的眼睛有点小，在杭州红磨房歌剧院演出的时候，舞台总监对他说：“李玉刚，你一上台根本看不见你的眼睛。”当时李玉刚心里挺难过，就想：怎么既能让观众看出妩媚，又能解决眼睛小的问题？李玉刚从2003年开始就下功夫解决眼睛的问题。

京剧中，眼神特别重要。李玉刚从梅兰芳大师那里得到启示：梅兰芳大师原来眼睛也不好，属于下垂的，而且经常流眼泪。他坐在自己家门口，看着大雁或者鸽子从离自己最近的地方飞到远方，一直看到消失，他通过看这个在家门口练眼神。李玉刚又搜看了关于宋祖英为什么漂亮的文章，他发现其实眼睛也是需要弧度的。

李玉刚还去沈阳京剧院向鲍戏如老师请教。鲍老师给李玉刚讲了关于眼睛实和虚的变化，他让李玉刚以实为主，以虚为辅，实的时候就是眼睛看东西时一定要睁开、睁大，妩媚的时候变小，但是要马上睁开，这样就不会显现经常看不见眼睛的问题。李玉刚花了三年时间才把眼睛小的问题给解决了。

除此以外，李玉刚在舞台上妩媚动人的艺术形象也是他亲手设计和装扮的，甚至服装面料的颜色都是李玉刚亲手调制出来的。李玉刚不仅是一个演员，还成了化妆、服装等方面的行家。

开始的时候，李玉刚每天一起床就化妆，化完了洗，洗完了化，一遍又一遍。那时候他经常去买化妆品，人家议论说这个男人总买化妆品，是不是有什么毛病。后来他就干脆说自己是来拿货的，结果还能拿批发价。开始的化妆效果并不好，他就不停地研究女明星们的妆容，在房间里贴了很多女明星的海报，同时不断地向化妆老师学习。

李玉刚在舞台上的服装有90%都出自他自己之手，他说：“连衣料都是我自己去选，全国最大的面料市场认识我的人越来越多。我总担心丝绸涨价，就存了很多，都放在床底下。”

日本的国宝级歌舞伎大师坂东玉三郎曾对李玉刚说：“演员就是这样，收到多少掌声，心中就有多少苦难。”李玉刚对此非常认同。有很多报道说他一夜成名，他说：“所谓的一夜成名，只不过是用一夜成名来感觉是惊天动地的大事。其实任何的一夜成名，在这之前都有很多年精神上的、肉体上的折磨，或者是锻炼、韧性。”

很多人喜欢用“一夜成名”这个词来形容草根明星，不错，很多草根明星好似是在一夜之间就由默默无闻变得众人瞩目，在局外人看来，他们真是运气太好了。但对他们本人来说，成名不过是受了足够的挫折后的报偿而已，有什么大惊小怪的呢？就像唐僧带领徒弟们历经九九八十一难，终归修成正果，取得真经，这是因为运气好，还是因为他们面对困难从不认输和放弃呢？如果经历过，就会知道成名不过是水到渠成，而不是运气使然。

出生于河北农村的王宝强，6岁开始习武，8岁到嵩山少林寺做俗家弟子，15岁到北京闯天下，在各个剧组当武行、做群众演员。直到19岁，王宝强才被导演李杨挑中，主演独立电影《盲井》，一跃获得台湾金马奖最佳新人奖。

依靠《疯狂的石头》一夜走红、在2009年凭借电影《斗牛》拿到了金马奖最佳男主角奖的黄渤，当年南下广州后，只能在影视公司里给当红的杨钰莹伴舞，当时他心里的酸楚可想而知。后来，他去北京连考了3年电影学院，最后考上的竟然是配音专业。但黄渤仍然没有放弃他的梦想，终于在坚持了3年之后，《疯狂的石头》给他带来了光明。

周星驰、刘德华、梁家辉等明星都跑过龙套，甚至国际巨星成龙也是如此，蛰伏和磨练是每个巨星都不可缺少的必经过程。

其实不只是演艺明星，各行各业的成功者都是如此。人们看到的往往是成功者光辉的一面，但要知道，没有这光辉背后长时间的辛酸苦楚，没有生活对他们无数次的打击折磨，他们是不可能获得如此耀眼的成就的。

如果当你在打扑克、看电视、看微信的时候，有些人在苦读苦练；当你在聊QQ、打游戏、打麻将的时候，有些人在不断跌倒后激励自己坚持下去……那么，你也要接受，等到他们哪天成名了，站在了万人瞩目的舞台中央，你则会沦落为世俗中的一粒灰尘，无人关注。

2. 与其在寂寞中颓废，不如在寂寞中丰盈自己

一直以来，酒吧夜店总是特别火爆，每天晚上都有很多人在里面展现着与白日间不一样的面孔，他们觉得自己寂寞无聊而又无处发泄，只好在微醺中打发时光。其实，与其在寂寞之中颓废地生活下去，不如利用这珍贵的时光来充实自己。

安志大学毕业后，找了一份工作，每天要挤一个多小时的地铁才能到公司。安志性格内向，不爱和别人说话，在公司吃午饭的时候，如果别人不找话题，他就一直吃饭，不说话。

每天夜里回到出租屋，安志便卸下一身的疲惫，躺在床上，休息完就打开电脑，看一看当日的新闻，又觉得索然无味。和他

熟悉的朋友个个都非常忙，很少联系，他每天晚上只好坐在椅子上打发时间，偶尔出去走走，看着不熟悉的高楼，也觉得无聊。

就这样过了一年，他的工作内容没有变化，工资也没有涨多少，而同时期来的同事早就升职加薪了。这是为什么呢？在一次吃饭时，他忍不住问了这个问题，同事对他说："你觉得我每天在无所事事地消耗时间吗？这一年，我每天晚上都要看关于工作的专业书籍，写工作报告，抽空还要跟同事吃饭，跟老板吃饭，沟通业务，交流感情。我这一年忙下来才能升职。"

安志听后恍然大悟，不禁懊悔。

有些人在寂寞中往往自怨自艾、唉声叹气，殊不知这样的做法正是浪费了难得的好时光。寂寞代表着无人叨扰你，寂寞代表着没有让你炫目的纷乱，这正是你集中精力思考学习、充实自己的最佳时间。

国学大师王国维曾说过，古今成大事业、大学问的人，都必须经历三种境界：一是"昨夜西风凋碧树，独上高楼，望断天涯路"的寂寞、孤独；二是"衣带渐宽终不悔，为伊消得人憔悴"的执着和坚持；三才是"众里寻他千百度，蓦然回首，那人却在灯火阑珊处"的辉煌和成功。寂寞，是成功必不可少的底色。如果说寂寞是成功的根须，那么成功就是寂寞之树开出的花朵，没有根须，难得花朵。

珍珠耐得住寂寞，才能晶莹闪烁；种子耐得住寂寞，才能长成参天大树。寂寞是一种好事，所谓"三年不鸣，一鸣惊人"，没有三年的默默无闻，哪来振聋发聩的一声呐喊呢？

石悦从小就是个安静的孩子。5岁那年，爸爸送了他一套《上下五千年》。这套书成了石悦研读历史的启蒙教材。石悦11岁开始看《二十四史》。他一开始读史书，是出于虚荣心。他在心里对同学说："你们会的运动我不会，但是我看得懂的书你们却看不懂。"那时，石悦对书中大部分的字词看不懂，于是父亲又给他买了本字典，并教会他怎么去翻查。久而久之，他渐渐爱上了这种安静的生活。

当身边的同学们都忙着报考各类补习班、疲劳地应付各类考试竞赛的时候，石悦却躲在一个属于自己的角落里，静静地读着历史书。

到了大学，石悦并没有什么风花雪月的故事，他更加痴迷地读史书，更加广泛地涉猎各种历史杂谈、笔记和实录。他经常带上一块面包、一瓶水，去图书馆或书店，一坐就是一整天，整个阅览室有时会只剩下他一个人在独自读书，静静的白炽灯下是他孤单的身影，但石悦感觉很充实。

大学毕业后，石悦考进了广州海关，第一个月就领到了6000多元工资。物质的丰厚并没有改变他，只有捧起书，石悦才觉得他的内心是丰富强大的。他白天是业务员，晚上捧着史书，如饥似渴地读。

2006年，石悦脑海里闪现出一个念头：重写明史！他要把这段历史写得生动有趣。当晚，石悦在天涯上注册了"当年明月"

的ID，开始连载《明朝那些事儿》。这部白话历史的小说很快火爆整个天涯，点击率过两亿，实体书籍随即上市，又被抢购一空。网友读后连连感叹："原来历史也可以这样有趣！"著名史学家毛佩琦、阎崇年也评价道："当年明月"的历史作品知识丰厚、语言幽默流行。

太爱热闹的人、过分热衷于权力和金钱的人，很难善待寂寞。善待寂寞，就是学会在寂寞中充实自己，不要闲着，不要过分依赖，认准一个目标，终生不懈地全力拼搏，才能真正享受寂寞中的愉悦。

大凡智者都能在寂寞中积蓄力量，能超越寂寞，获得精神上的愉悦，还能创造出一番事业。

3. 独处，是另一种修行

正如一位作家所说："只有独处的时候，一个人才会了解自己。"人生需要独处，这样你才能听到内心真正的呼唤，才能理清自己思想的头绪，才能看得清这个世界。

很多人总觉得忙碌起来才是生活的本质，其实，能够一个人独处才是生活的最高境界。独处可以让你找到生命中的另外一个你——独立于你的主观世界的另外一个客观的你，才是你的真我所在。

这是一个浮躁、沸腾的时代，各种权力欲望、金钱诱惑都在我们眼前飘荡，生活嘈杂忙碌，公司、家庭似乎总是有处理不完的人和事，时刻不得安宁。这个时候，我们就需要一种特殊的修行方式，以缓解内心的焦虑，找回本真。

叔本华说："人们聚会的场面越大，就越容易变得枯燥乏味。只有当一个人独处的时候，他才可以完全成为自己。谁要是不热爱独处，那他也就是不热爱自由，因为只有当一个人独处的时候，他才是自由的。"

独处是一种修行。爱默生说："世上最艰巨的任务是什么？思考。"没有独处，就不会有深刻的思考，两者密不可分。现代生活中有很多社交工具，无时无刻不在搅扰着人们的安宁，它们随时随地把你吵醒，把你的安宁打破，这样就很难做到真正的独处。

佛家讲"六根清净"，独处就是达到六根清净的一种方式，远离尘嚣，远离是非，远离诱惑，眼中心中只有自己，无须多言，只需要静静思考。

独处的意义就在于，在对自我的省视中，放下对过去的思忆、对未来的幻想，回归当下。适时地关掉手机、电脑、电视，谁也不见，捧上一本书，哪怕是闭目养神，也能得到很大的益处。独处并不意味着拒绝世界和社会，反而能以更加纯真的状态回归社会。

魏孝明帝孝昌三年（公元527年），释迦牟尼佛第二十八代佛徒菩提达摩漂洋过海到中国，又长途跋涉来到少林寺。

达摩来到少林寺后，在五乳峰找到一个高、宽各不过3米的石洞，石洞里冬暖夏凉，他就把这个天然石洞作为自己修性坐禅的地方。

达摩开始整日默然，面对石壁盘膝静坐，什么也不干，双眼紧闭，五心朝天。时间长了，连飞鸟都不知道这里有人，竟在达摩肩膀上筑起巢穴来。

那时，达摩除了吃饭、打禅绝无二事，日复一日，年复一年，从公元527年到536年，整整面壁了9年，这就是佛教史上有名的达摩面壁的传说。

当他离开石洞的时候，他坐禅面对的那块石头上，竟然留下了达摩面壁的形象，衣裳褶纹，隐约可见，宛如一幅淡淡的水墨画。人们把这块石头称为达摩面壁影石，把这个天然石洞称为达摩面壁洞，直至今日，遗址犹存。

这个故事也说明了独处是一种修行的道理。周国平曾说：“独处是人生中的美好时刻和美好体验，虽然有些寂寞，寂寞中却又有一种充实。独处是灵魂生长的必要空间，在独处时，我们从别人和事务中抽身出来，回到了自己。这时候，我们独自面对自己和上帝，开始了与自己的心灵以及与宇宙中的神秘力量的对话。一切严格意义上的灵魂生活都是在独处时展开的。”

独处是绝好的清零时刻，它帮助我们整理自我，就像一台病毒及垃圾信息充斥的电脑，突然间被重新格式化而焕然一新。独处，是走向优秀的必经之路。

4. 尽管去做，结果迟早会来

古人云：“为之，难亦易；不为，易亦难。”也就是说，想做事情只管去做，迈出了这一步，表明你的勇气终于战胜了内心的恐惧和不安，你已经战胜了所谓的“心理障碍”，不怕没有结果，也不怕做得失败，这才是一个要做大事的人应该具备的心理素质。

一个父亲和他的跛脚儿子站在一幅金字塔画前，儿子被画上金字塔的雄伟所震撼，他问父亲这是哪里。父亲说：“这是金字塔，所在的地方叫作埃及，如果你想去的话，以后就去吧。”父亲只把这句话当成是一种鼓励或者一种安慰，他从没有想过这句话会彻彻底底地改变儿子的人生。

年少的儿子开始按部就班地上学，一切看起来都很平常，但是父亲的话已经在他的心里埋下了一粒种子，当老师问他以后的理想是什么的时候，他扬起头说：“我要去埃及。”同学们都笑了，在他们看来，一个跛子居然还要去埃及，简直不可思议。但他毫不在意，只把梦想珍藏在心底。

20年后，已经年老的父亲收到一张照片，背景是和20年前同样雄伟的金字塔，拄着拐杖的儿子站在金字塔前，笑容灿烂。父亲欣慰地笑了。

20年里，他拼命地锻炼身体，拼命地学习英语，并看了大量关于金字塔的书籍，他也不知道自己能不能到达埃及，但是他毫不犹豫地做着努力。

终于，儿子作为公司派遣到埃及洽谈业务的不二人选，真正站在了金字塔前，实现了自己的人生梦想。

比尔·盖茨曾说过："很多人喜欢拖延，他们对手头的事情不是做不好，而是不去做，这是最大的恶习。"他还说："一旦做出决定就不要拖延。任何事情想到就去做！立即行动！"

做你应该做的事情，就不应该先考虑前因后果，计算得失，担心万一不能成功怎么办，担心困难重重怎么办，担心不能接受结果怎么办。这些都不应该是你多想的，你要做的是放下这些想法，简简单单地去做，只要你用心去做，结果自然就会让你满意。

一般来说，急性子的人行动力比较强，这是一种有执行力的表现，对待工作任务反应迅速，对于一些突发情况也能及时处理和应对。他们通常具备以下特点：抓到机会就做，做事追求效率，有超强的执行力。这样的人通常更容易取得成功。

他53岁，如果命好的话，就该安享晚年了。偏偏他命运多舛，事业失败，负债累累，债主时常上门索债，他只得天天离开家门躲债。大半辈子过去了，数一数自己也干了不少行业，却干一行败一行。到了这个年纪，本该彻底放手，休闲娱乐，可他又不认命，说要写书，说所有的梦想都已破灭，只有这一项还没尝试。所有认识他的人都觉得他实在荒唐，从来没有一个人在53岁的时候，开始创作而有所成就。但他一意孤行，他不停地写着、写着。几年之后，他所写的小说出版后风行全国。这本小说叫《堂·吉诃德》，这个人的名字叫塞万提斯。

有一个19岁的青年，做着老师留下的数学作业。他发现一道写在纸条上的题特别难，他坚持做到天亮，终于解开。老师知道后大吃一惊，那纸条是无意间夹带进去的，那道世界性难题2000年来阿基米德没有解出来，牛顿也没有解出来。这个青年就是伟大的数学家高斯。

有的人总是哀叹命运不公。例如，有些人勤奋刻苦、奋斗不息，却没能换来功成名就，甚至一辈子穷困潦倒；而有些人资质平平、懒惰无能，却能轻松攫取财富、权力和名誉。如果因为这样想，你就放弃了努力，才是最大的悲哀。古人说：“尽人事，听天命。”凡事只要尽心去做，就问心无愧，相信努力的人运气总不至于太差。

就像一句广告语说的那样，“Just do it”。人生完全可以没有那么多的功利，只是想做就做，至于结果，迟早会来。

5. 每天进步一点点，就会产生质变

有的人看着一堆繁重的工作、一本厚厚的书籍，就会大呼头痛，摇摇头，表示自己一时之间做不了这些事情，看不了这么多的书。于是日子越拖越久，需要做而没有做的事情越来越多。其实，我们只需要每次进步一点点，就能够达到日积月累的质变，例如，想要学习英语的人每天学习两个单词，坚持一年就能学到700多个单词，坚持10年呢？成绩更是惊人。把这种方法推广到其他方面，也同样能够取得非常有效的成绩。

香港海洋公园里有一条大鲸鱼，重达8600公斤，却不但能跃出水面6.6米，还能向游客表演各种杂技。市民和游客都非常喜欢这条能力超凡的鲸鱼，纷纷前来观看，给公园带来了巨额收入。

面对这条创造奇迹的鲸鱼，有记者向训练师请教训练的秘诀。训练师说，在最初开始训练时，我们先把绳子放在水面之下，使鲸鱼不得不从绳子上方通过，每通过一次，鲸鱼就能得到

奖励。渐渐地，我们会把绳子提高，只不过每次提高的幅度都很小，大约只有两厘米，这样鲸鱼不需花费多大的力气就有可能跃过去，并获得奖励。

于是，这条常常受到奖励的鲸鱼，便很乐意接受下一次训练。随着时间的推移，它跃过的高度逐渐上升，最后竟然达到了6.6米。

训练师对此很得意，他说："没有这小小的两厘米，哪来现在的6.6米啊！"

有一句俗语是这样说的："一步登天做不到，但一步一个脚印能做到；一鸣惊人不好做，但一股劲做好一件事能做到；一下子成为天才不可能，但每天进步一点点有可能。"

做到"每天进步一点点"并不容易，因为任何丝毫的进步都不会从天而降，都不能唾手而得，必须经过一番努力。每天进步一点点，贵在每天，难在每天。"逆水行舟用力撑，一篙松劲退千寻。"要每天进步一点点，就要耐得住寂寞，不因收获不大而心浮气躁，不因目标尚远而情移心摇，而应具有持之以恒的韧劲；还要顶得住压力，不因面临障碍而畏惧退缩，不因遇到挫折而垂头丧气，而应具有攻坚克难的勇气；还要抗得住干扰，不因灯红酒绿而分心走神，不因冷嘲热讽而犹豫停顿。

有一个名词叫作"蝴蝶效应"，意思是说南美洲的一只蝴蝶振动翅膀，微小的振动波漂洋过海，经过不断放大，到达北美洲的时候很可能会引起一场风暴。

成功就是每天进步一点点，从而产生“蝴蝶效应”。成功来源于诸多要素的几何叠加，“每天进步一点点”是一种长久的积累，也是一种有智慧的成功方式。

1984年，东京国际马拉松邀请赛中，一位名不见经传的日本选手山田本一出人意料地夺得了世界冠军。当记者问他凭什么取得如此惊人的成绩时，他说了这么一句话：凭借智慧战胜对手。

很多人对于这个答案感到不屑，认为他是在故弄玄虚。大家都知道马拉松赛是体力和耐力的运动，只要身体素质好又有耐性，就有机会夺冠，爆发力和速度都在其次，说用智慧取胜确实有点勉强。

到了1987年，意大利国际马拉松邀请赛在意大利北部城市米兰举行，山田本一代表日本参加比赛，结果他又获得了世界冠军。记者又来采访山田本一，山田本一性情木讷，不善言谈，支支吾吾依旧没有说出为何夺冠的重要信息。

10年后，这个谜终于被解开了，山田本一在自传里披露了这个颇为神秘的制胜法则。他说：“每次比赛之前，我都要乘车把比赛的线路仔细地看一遍，并把沿途比较醒目的标志画下来。例如，第一个标志是银行，第二个标志是一棵大树，第三处标志是一家酒店……这样一直画到赛程的终点。比赛开始后，我就以百米冲刺的速度奋力地向第一个目标冲去；等到达第一个目标后，我又以同样的速度朝第二个目标冲去。40多公里的赛程，就被我分解成这么几个小目标，轻松地跑完了。”

他还谈道：“起初，我运用这方法还不太熟练，我把我的目标设在二十几公里外的旗帜上，结果我跑了十几公里时就疲惫不堪了，我被前面那段遥远的路程给吓倒了。”

山田本一试着把大目标分解成更小的、比较容易实现的目标，这些小目标的实现最后终于叠加成了大目标的成就。

我们要学会分解难题，把自己想要做的事情以及最后的目标细化，明白自己先做什么再做什么，然后做好合理的分配。每次都进步一点，完成一个小的目标，这样有利于我们自信心的培育，不至于看着长路漫漫而失去了前进的斗志。

这样的做法意味着我们不能着急，不能急功近利，不能企图“一口吃个胖子”，那样会导致目标分配不合理，强行要求“几步就到终点”，那是不可取的。要拥有马拉松运动员的耐心和耐力，哪怕前路滩险弯又多，只要我们按照合理的步骤，一步一步地走，一个阶段、一个阶段地完成，肯定能够实现梦想。

6. 安心等待最佳时机的到来

古人说："欲速则不达。"在时机未成熟时，一定要懂得蛰伏，潜伏在最隐蔽的角落等待时机成熟，再一跃而起，大显身手。

在北美的旷野上，经常会出现这样的场景：一群分散的狼突然向一群驯鹿冲去，引起驯鹿群的恐慌，导致驯鹿纷纷逃窜。这时，狼群中的一匹狼会斜冲到鹿群中，抓破一头驯鹿的腿。狼群之所以选中这头驯鹿，也许就是因为它们发现它的某些特点易于攻击，随后这头驯鹿就被放回归队了。奇怪的是，当狼群攻击鹿群中的一只驯鹿时，周围强健的驯鹿并不去援救，而是听任狼群攻击它们的同胞。

这样的情况一次次地重演着，受伤的驯鹿渐渐失掉大量的血液、力气和反抗的意志。而狼群在耐心地等待时机，跟在驯鹿群后面，它们定期更换角色，由不同的狼来进行袭击，使这头可怜的驯鹿旧伤未愈又添新创。最后，当这头驯鹿已极为虚弱，再也不会对狼群构成威胁时，狼群开始出击并最终捕获受伤的驯鹿。

这期间的狼也不好受，它们非常饿，但是也要等到最后的时机到来才上前捕获，因为像驯鹿这样体型较大的动物，如果踢得准，一蹄就能把比它小得多的狼踢翻在地，使之非死即伤。懂得等待的狼每每能用最小的代价换取最大的利益。

狼在生存猎食的过程中，表现出来的忍耐性令人叹为观止。无独有偶，蟒蛇爬行的速度并不快，它唯一的捕食办法只能是埋伏在丛林中间，等合适的动物经过。通常一天下来也没有一个动物经过，两天下来又没有动物经过，甚至一个星期下来都没有动物经过。但它知道，只要在那儿等待，一定会有动物经过。最后，动物终于来了，它就一跃而起，一口把动物咬住。

没有一颗极具忍耐力的心，是做不成大事的。忍耐，就是等待一段时间，并在这段时间内默默努力；忍耐力也是把痛苦的感觉或某种情绪抑制住、不使其表现出来的能力，它是意志顽强的一个前提。

最好的时机需要你用最大的耐心去等待，它会带给你意想不到的收获。当你对自己的职位、遭遇不满的时候，不要怨天尤人，不要自暴自弃，你只需要更加充实自己，耐心等待，终究最适合你的时机会到来，到时候你再全面出击，必定能够取得大的收获。

一位著名的大师即将告别他的教书生涯，学生们恋恋不舍，大师决定做一次退休演讲。

演讲那天，大幕徐徐拉开，舞台的正中央吊着一个巨大的铁球和一个大铁锤，大师出现在现场。

主持人对观众说：“请两位身体强壮的人到台上来。”转眼间，已有两名动作快的年轻人跑到台上。

大师说道："请你们用这个大铁锤，去敲打那个吊着的铁球，直到把它荡起来。"

一个年轻人抡起大锤，全力向吊着的铁球砸去。一声震耳的响声过后，那吊球却纹丝不动。他接着用大铁锤不断地砸向吊球，铁球还是不动。另一个人接过大铁锤把吊球打得叮当响，可是铁球仍旧一动不动，却把自己的手震得生疼。

这时，大师从上衣口袋里掏出一个小锤，对着铁球"咚"地敲了一下，停顿一下，再用小锤"咚"地敲一下。人们奇怪地看着，大师就这样自顾自地不断敲下去。10分钟过去了，20分钟过去了，会场早已开始骚动，大家都不理解大师的这一反常行为，有的人甚至开始发泄不满，大师却不为所动，依旧自顾自地敲着，一下接着一下。

在接近一个小时的时间里，全场的人走掉了一大半，而大师还在那里敲着。突然间，有人喊道："球动了！"只见那个铁球以很小的摆度动了起来。大师仍旧一小锤一小锤地敲着，吊球在大师一锤一锤的敲打下越荡越高。

所有的人都惊呆了。大师开口讲道："在人生的道路上，如果你没有耐心去等待成功的到来，那么，你只好用一生的耐心去面对失败。"

珍贵的东西总是慢慢成长的，所以任何时候都不能着急，不能揠苗助长，那样只会物极必反。不懂得耐心等待的话，很有可能会在不适合的环境里做出不适合的事情，使得前功尽弃、功亏一篑。记住这句话：“是你的终究是你的，不用急，急了反而会把好的东西拱手送人。”

7. 守得云开见月明

“守得云开见月明”，是指坚持到最后的人才能看到风雨过后的彩虹，看到希望和胜利。

生活中总会有各种各样的问题困扰着我们，例如，长时间不升职加薪；生意遭遇困境、举步维艰，等等。在这个时候要记住一句话：“守得云开见月明。”你可能一时间不那么如意，甚至落入了寸步难行的境地，觉得生活很糟糕，这时一定不要轻易放弃，熬过了生活的苦涩，才能够品尝到生活的甜美。

俞敏洪讲过这样一个故事：“我有一个同学专门研究蒋介石，这本来不算什么，但是由于他研究的时间很长，而且研究得很深很透，后来就被美国一家大学的教授看上了，被邀请去读博士。他在美国读了4年博士，写了两本研究中国现代史的专著，最后留在了那所大学当教授。”

要有所坚持，在一个公司里迟迟得不到升职加薪也不要抱怨，不要心急，想想自己是否真的给公司带来了更大的效益，如果不能，就请你安下心来，将工作做得更好，坚持做下去，自然就会守得云开见月明。

有一位智者说过：“生性乐观、懂得坚持的人，才能在逆境中找到光明；生性悲观、容易沮丧的人，却常因愚蠢的叹气，而把光明之灯给吹熄了。”

曾在网上看到过一篇报道，讲的是鸟巢（国家体育场）的电工谭双剑的故事——

谭双剑1979年出生于河北的一个普通农家。为了减轻家庭的负担，他初一就辍学了。16岁的时候，谭双剑不顾家人劝阻，独自登上前往上海的火车。到了上海，没地方住，他就住在桥洞里，每天天不亮就走出桥洞去找工作。他应聘了好几份工作，但都因为学历问题而被拒之门外。

后来，谭双剑在码头找到了一份扛大包的工作。一上肩就是上百斤，不到两天，后颈便被磨起了血泡，甩甩胳膊，像脱臼了似的。坚持了两个多月，领了200多元工资，谭双剑辞工回到了老家。

不服输的他决定再到北京闯一闯。和在上海一样，他接连奔走了10多天也没有找到一份活儿。当他全身只剩下5毛钱的时候，终于在一个建筑工地找到了一份做小工的活干。

一次，在顶楼干活，谭双剑注意到几位电工正在楼顶安装一根粗大的“天线杆”，十分好奇。工友告诉他：“这叫避雷针，城市里每幢楼房都有。”他暗自揣摩起来：如果能掌握这项安装技术，至少比当小工有前途啊！

谭双剑开始有意识地留意起这门“有技术含量”的工作。有时，电工中午赶活儿，他顾不上吃午饭，就戴上安全帽跑去看人家怎么操作，一来二去和对方成了朋友，能不时得到一些指点。

到了年底，工人们都回老家过年了，电工短缺，掌握了一些电工技术的谭双剑主动请缨留下来工作。

他能独立操作了，工资也比原来高出两倍。但他并不满足，又向同事借来电工进修专业教材，并从书店买回电工书籍，一边自学，一边在实践中摸索。1999年，谭双剑考取了行业认证的高级电工证书。

谭双剑所在的安装公司承接了国家气象局的一项弱电工程，他听说一个组安装的配电柜出了故障，就自告奋勇地站出来说：“让我试试吧。”经理虽然迟疑，但还是决定让他试一试。

他从源头排查起，顺藤摸瓜找到了故障所在，接着连夜维修起来……20个小时后，故障终于排除了，避免了数万元的误工损失。

发工资的时候，经理额外拿出2000元作为奖励，但谭双剑没有收。经理拍拍他的肩说：“这个呼机你拿着，等我呼你。”

半个多月后，呼机响了，谭双剑一回电话，果然是经理找他：“小谭，有个大活儿，交工时间很紧，你能不能凑点人？”谭双剑迅速凑齐一个30人的队伍，每天天不亮就开工，夜里11点才收工，最终抢在工期内完成。

谭双剑报了夜大学习班。晚上，工友都早已入睡，他却还在捧着书本研习工程管理方面的知识。两年多时间内，谭双剑陆续拿到了建筑行业中的项目经理证、工长证、工程师证等证书。

2002年，谭双剑组建了自己的施工队伍，专门承接电路电气工程。员工越来越多，工程也越接越大，现代城、东方广场、励骏大酒店、友谊医院、商务部、外交部等，都留下了他的身影，一些工程还得了优质奖。

2005年初，经过层层筛选，谭双剑率领团队开始奋战在鸟巢现场。每次到施工现场，谭双剑都要先关掉手机，像特工一样扫视着现场的每一个细节。在工程建设的关键阶段，他每天忙得连洗头都顾不上。

2007年底，谭双剑承揽的鸟巢的防雷接地和预留预埋工程胜利完工。作为一名建设功臣，他的名字被刻在了国家体育场落成纪念柱上，并于8月8日应邀到鸟巢现场参加了北京奥运会开幕式。

谈到一路艰辛走来的历程，谭双剑说："我想告诉和自己一样的朋友，即使榜上无名，只要肯吃苦、善动脑、脚放正，也能趟出一条星光大道！"

古苏格兰国王罗伯特·布鲁斯6次被入侵之敌打败，失去了信心。在一个雨天，他躺在茅屋里，看见一只蜘蛛在织网。蜘蛛想把一根丝缠到对面的墙上去，6次都没有成功，但经过第7次努力，终于达到目的。罗伯特兴奋地跳了起来，叫道："我也要来第7次！"他组织部队，反击入侵者，终于把敌人赶出了苏格兰。

当工作不顺利、生活出现了困境，不要气馁，不要灰心，要坚信，即使天是灰蒙蒙的，也总会有放晴的时候。只要你耐心等待，不丧失信心，就能够等到乌云散去、一轮明月照在天空的那一刻。

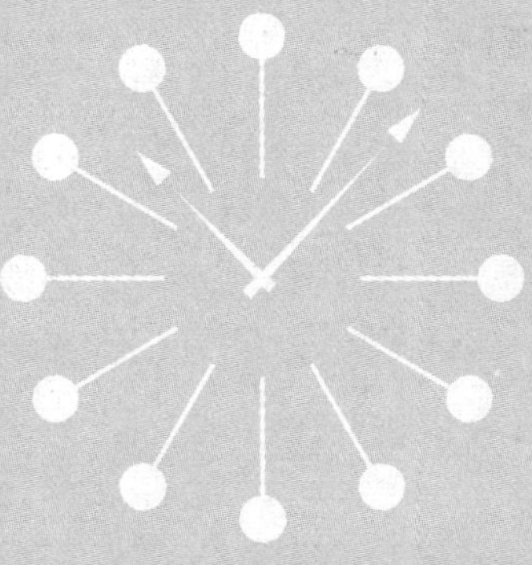

It's Never Too Late

第10章

创伤，一切都会过去

1. 允许自己悲伤难过，但不要太久
2. 与糟糕的回忆和平相处
3. 角度不同，所见也不同
4. 其实，你比自己想象中坚强
5. 花时间体验生活，而非一味地在黑暗里自怨自艾
6. 活在当下，才能治愈记忆中的伤痛
7. 让积极的想象主宰你的生活
8. “我决定微笑。”

1. 允许自己悲伤难过，但不要太久

无论你多么痛苦，都要相信悲伤终将过去，原来的泪痕伤疤、挫败无助，都将消失于风雨，淹没于尘埃。

大学的最后一年，她参加了全市应届毕业生洽谈会，与一家很有名的企业达成协议，毕业后就去工作。她满怀欣喜，只等着7月份一毕业就去工作。

可是，就在毕业前1个月，她因朋友的事受到牵连，被开除学籍。

那段日子，她的痛苦可想而知。家人怕她想不开自杀，请假轮流陪着她。男友闻讯从外地赶回来看她。男友非常爱她，知道她出事后，也非常难过、痛苦。

一连3天，她不吃不喝，蒙头躺在床上。家人的安慰、劝解，她一句也听不进去。到了晚上，男友过来，揭开她蒙在身上和脸上的被子，把一张写满了字的纸放到她的眼前，说："我知道你现在非常痛苦，你也完全有理由痛苦，即使你有100个痛苦也不过分。你看，这张纸上写的全是'痛苦'，有100个。我们打个赌，

你把它一点点撕成碎片，我保证在10分钟内把它拼好。”

她看了看，接过来，一下一下，把纸撕成碎片，扔在地上。不一会儿，地上就撒满了碎纸片。男友弯下身，一一捡起来，坐在一旁的写字台前，一块一块地拼。果然，用了不到10 分钟，就拼好了。

她看着那些刚刚被自己撕成碎片、现在竟又粘贴在一起的“痛苦”，十分惊讶，终于开口说了一句话：“你是怎么拼好的？”

“很简单。你看！”男友把纸翻过来，只见纸的背面用红色彩笔写着硕大的“快乐”两字。“我在背面写下‘快乐’两个大字，让它们占满整张纸。拼的时候翻过来，按照‘快乐’的笔画拼，这样，一会儿就把它拼好了。”

“亲爱的，痛苦的背面就是快乐，短暂的痛苦挺过去了，就是快乐。你不是一直想去美国留学吗？其实我也非常想去。我们比赛好吗？我们俩一起报考托福，一起申请去美国读书，看谁先通过！”

她已是泪流满面，扑进男友的怀抱，用力地点点头。

如果一味地后悔、哀叹不已，整日陷入已发生的不幸所致的痛苦之中，对自己有什么好处呢？结果只能是愁上加愁，不仅无助于减轻痛苦，反而会加深对身心的伤害。长期不能摆脱悲观心态，还可能丧失对生活的希望和信心。

世间没有后悔药，不该发生的已经发生了，既然埋怨哀叹无用，何不用已是“不幸中之万幸”来自我安慰一番、化解遗憾呢？

对一个生活在阴霾下却仍心存阳光的人而言，所有的悲伤和痛苦都会为他让路。要在我们心中树立起乐观的信念支柱，即使面对再大的险涛恶浪，我们也能冲过去，到达胜利的彼岸。

在网上看到过这样一个故事：

作者很小的时候，和一群淘气的小伙伴在自家庭院的一棵梧桐树干里嵌进了一个鸡蛋大小的石块。没想到两个多月后再去取那个石块时，费了九牛二虎之力，却怎么也取不出来了。

没办法，他只好眼睁睁地看着那个石块长在那棵梧桐树的树干里。后来，石头裸露的部分越来越少了。第五年的时候，那块石头被完全裹在了梧桐树靛青色的树干里，已经一点儿也看不到石头的踪影了。然而，包裹石头的那段梧桐树皮，明净、光滑、完好如初，一丁点儿伤痕都没有。作者高兴地对祖父说：“那块石头一点也没影响这棵梧桐树的生长。”

祖父摇着头叹息道：“伤疤结在树心里了。孩子，总有一天，这个伤疤会毁掉这棵树的。”看着那棵梧桐树蓊蓊郁郁地成长，看着它一年一年变得粗壮、高大起来，作者根本不觉得那个石块能毁掉这么粗壮的树。

十多年后，作者离开家乡到城里工作。一天早晨，作者忽然接到父亲打来的电话，说昨天夜里老家刮大风，院子里的那棵梧桐树被风刮断了，断树把树旁的柴屋砸塌了。作者听了大吃一惊，那么粗的树，怎么会被一场大风吹断了呢？

作者急急忙忙搭车赶回去，果然看到那棵梧桐树断了，折断的地方正是他们嵌进石块的地方。在白森森的断裂处，那块石头若隐若现地裸露着。父亲平静地说："幸好人和树不一样，树不会把心里的石头拔出来，人有手，可以拔呀。如果不让心中的伤痛化解，终究也会被风吹坏的。"

人生总是快乐与痛苦并存。遭遇不幸时，他人的安慰、鼓励和帮助固然能暂时减轻你心灵的痛苦，但要根本解决问题，必须要自己想得开。不幸时，多想想其中的万幸，不仅能够减轻痛苦，重新感到生活的美好，也有助于我们在冷静之余多思考，接受教训，免蹈覆辙。

人人都需要化解痛苦，学会化解痛苦是理智的表现。如果你想快乐地活着，不妨多点自我安慰，从绝望、失望中走出来，这才是我们面对不幸的可取态度。这种心境开阔、乐观向上的精神离不开个人平时的修养，也可以在亲友的帮助下不断地强化。

2. 与糟糕的回忆和平相处

整天思考着怎么才能忘记悲伤的人，难以摆脱悲伤，只有使自己忙碌起来，悲伤才会化解，才会过去，就像杯中的茶，越冲越淡，直到淡如清水。之后，自己不再是当时的那个自己，心也不再是当时的那颗心，伤心事也就不再能伤自己的心。有这样一则寓言：

一个农夫的儿子不小心踩到了一条蛇的尾巴，蛇转过头来，狠狠地咬了他一口。由于没有得到及时的救治，农夫的儿子死了。

愤怒的农夫提着斧头，疯狂地追赶蛇。蛇跑得很快，农夫只砍下了它的尾巴。

受伤的蛇决定报复农夫，接下来的日子，农夫的鸡、鸭等便接二连三被蛇咬死。

农夫发誓一定要逮到这条蛇。他带着食物来到蛇的洞口，准备诱捕蛇。但是蛇很聪明，就是不上钩。经过长时间的较量，农夫终于想通了。

他对着洞内的蛇说道："让我们彼此忘记仇恨吧。也许你惩罚我的儿子、报复我的家禽是对的，但是我为我的儿子报仇也是对的。现在为什么不让我们再次成为朋友呢？我们都应该为这个结局感到满意才对。"

"好吧！"蛇说道，"我也该换个地方生活了，不再来这里。"

不需要刻意忘记你爱过又给你伤痛的人。他让你第一次感受心跳，第一次感受牵挂，第一次感受忐忑不安，那样的一个人、那样的一个存在，让你的人生充满了快乐和忧伤。或许你并不曾告诉他你的爱，或许他拒绝了你的爱，最后，他牵了别人的手，远离了你的生活，让你痛彻心扉。那样的人，你也不必刻意忘了他。因为他让你体会了爱的味道，甜蜜的，悲伤的，丰富了你晦涩的岁月。人生的色彩，原本就应该是五色斑斓。

放开你的心，回忆那些让你痛苦或是快乐的事情，你会发现，过了那段时间，感觉竟然是那么的不同。5年前让你悲伤不已的事，现在回忆起来，感觉如何呢？痛苦和快乐都是对生命的滋养，只是痛苦对生命的锻造需要长时间才能显现。

有一颗小石子，自从被一个孩子以随意打出的水漂扔进水里，它便开始了和水流的争斗。河水时急时慢，时温时寒，有时温柔，有时则非常暴力。

河水从高远的山上流下来，满是泥沙，还有其他的杂质。小石子被夹杂在其中，它感觉疼痛。春去秋来，暑过冬尽，石子再也经受不住这种非人的折磨，它想要逃脱。可是它根本没有能力来主宰自己的命运，河水太强大了。

小石子一直希望早日随着河流注入湖泊，自己就可以过风平浪静的日子了。在这种期望下，它一直坚持着，坚持着。渐渐地，石子的表面变得平滑了，泥沙将石子的棱角慢慢地磨掉了，石子的痛苦也减轻了许多。

它想，自己是不是麻木了？是不是已经适应这水流的世界了？它又想，适应也没有什么不好，这是自己赖以生存的天地啊。它的心开始平静，这种平静让它感觉世界是美好的，它默默地坚守着自己的位置，以一番别样的心情，感受春夏秋冬的轮回。

突然有一天，小石子被一个顽童从水中捞起。小孩子冲着远处喊：“爹爹，看，多么漂亮的石子啊！”

小石子有几许感动，终于真正明白，多年的冲刷已经让自己的棱角全无，变得光滑无比，有着细致美丽的纹路。小石子开始感激河水和泥沙，感激曾经的日日夜夜。

小石子被孩子带回家，放在五彩斑斓的鱼缸里。石子开始结交新朋友，好多小鱼都围着这个新伙伴游动、嬉戏。石子高兴地享受着这一切。它回忆起那冰冷的河水，回忆起自己被打水漂的孩子扔进河里的那一瞬，也为自己这么多年付出的努力感慨。现在好了，一切都好了，这里环境舒服，水温不再冰冷，还有那么多朋友……

时间是最无情也最有情的杀手，我们左右不了它带给我们的改变，不管是容颜还是内心。我们跟着它的脚步，忘记了我们深爱的人，也忘记了我们深恨的人。那些曾经以为一辈子都无法释怀的事，你竟然在数年之后会记不清楚当时的对白、当时的容颜，还有当时的心情，只留下淡淡的痕迹可追忆。

顺其自然地过活，不去强求记忆或是忘记，时间就像春天的风，会让一切的伤痛过去。

那些属于自己的点点滴滴，忘不了的，我们就记着。那不是别人的人生，是你自己的人生，每一步，不是别人在参与，是你自己在经历。走过的每一分、每一秒，组成了你的童年、少年、中年……你的一生，少了哪一段都是缺陷，都是不完整的，何苦急着将它从你的记忆里抹去呢？

3. 角度不同，所见也不同

心理学中有一些很有意思的图片，其中有一幅，正着看明明是一只青蛙，但横过来看，就成了一匹马；还有一幅画正着看是一位满脸皱纹的老妇人，但倒过来看就成了一位甜美的少女。生活中的事情就是这样，同样的问题从不同的角度去看，得出的结论截然不同。

一个老和尚正在打坐，突然听到了几声哭泣。

果然，在海边高高的岩石上，站立着一个白色的身影。就在老和尚即将抓住轻生女子的衣袖之际，那女子纵身一跃，跳进海中。幸好老和尚懂一些水性，几番努力，终于将她救上了岸。可奇怪的是，被老和尚救活之后，女子不但不感激，反而埋怨他多管闲事。

老和尚问她："年轻人，你为什么要选择轻生之路呢？"女子喃喃地说道："这里是我的美梦开始的地方，所以也要在这里终结……"

原来，3年前，就在这里，她与一个前来旅游的年轻人一见钟情。两年前，他们爱情的结晶——一个聪明可爱的儿子出生了。然而，1年前，自己渴望与之共度人生夕阳的爱人，却不幸去世。

丈夫死后，她日夜不停地哭泣。让她痛心不已的是，他们活泼可爱的宝贝儿子，也在上个月因病而亡。

“我没了丈夫，没了儿子，活在世上还有什么意思啊？”年轻女人泣不成声。然而，老和尚不但没有安慰她，反而放声大笑。

女人因他莫名其妙的笑声愣住了。老和尚问女人：“3年前，就在此地，你有丈夫吗？”女人摇摇头。“3年前，你有儿子吗？”女人再次摇头。“那么，你现在不是与3年前一模一样了吗？那时，你独自一人来到岛上，是来自杀的吗？”女人愣住了。

老和尚说：“3年前，你既没有丈夫，也没有儿子，一人来到这里。现在，你与3年前一模一样。今天，就是3年前那一天的延续，只不过是还原了一个你自己而已。所以，为什么不能重新开始呢？”

女人嗫嚅道：“我还可以吗？”

“当然可以！”老和尚斩钉截铁地说。

“我还可以获得幸福！我还……”女人豁然开朗。

很多人在置身悲伤的时候，并不是不知道心情不可以改变，而是不知道怎么改变。很多时候，同一件事换一个角度去看，心情就会因此而不同。

当然，看问题的角度的选择取决于看问题的人的心态。悲观的人就算是中了500万元的彩票，也会认为是坏事一桩。他害怕中奖之后，有人会觊觎他的钱财，进而对他采取不利的行动。相反，积极的人更容易从积极的角度去看待一切。

看过电影《监狱风云》的人，一定会对由影星吉尼威尔德饰演的亨利印象非常深刻。

亨利被误判入狱后，所有狱官都看他不顺眼，常常找他的麻烦，他没有大喊冤枉，义愤难平，而是始终保持着一颗快乐的心。

有一次，狱官将他用手铐吊起来。几天之后，他竟然一脸灿烂笑容地对狱官说："谢谢你们治好了我的背痛。"之后，狱官又将亨利关进一个因日晒而高温的锡箱中。但是当他们放亨利出来时，亨利央求道："喔，拜托再让我待一天，我正开始觉得有趣呢。"

最后，狱官将他和一位重300磅的杀人犯古斯博士一同关进一间小密室。古斯博士的凶恶在狱中十分有名，就连最凶狠的犯人也躲他像躲瘟疫一般。然而，当狱官们打开密室时，却看见古斯博士和亨利坐在地上大笑着玩牌，他们惊讶得不得了。

其实，亨利不过是选择了以快乐作为自己的守护神，而没有让自己的情绪受客观因素的影响。

有些人即使在晴朗的天气里，也会为第二天天气的好坏而忧虑；有些人却能在乌云密布的时刻，想象着风雨之后天空出现的彩虹。事实上，每件事都有它不同的方面，眼睛所及，并非是事物的全部。大部分情况下，你要寻求什么，你的眼睛就会见到什么。心情的好坏，完全取决于你看问题的角度，而不是外界因素。

4. 其实，你比自己想象中坚强

眼睛在流泪，心却在撑伞，我们永远比自己想象的要坚强，偶尔脆弱时，可能以为需要一个肩膀，但其实也不过是想要一颗糖。有些事，你认为自己根本无力承担，其实你可以坦然面对。

小A高中毕业没考上大学，跟着父亲学起了木匠。他的情绪十分低落，感到前途渺茫。

一天，小A学刨木板，刨子在一个木结处被卡住，再使劲也刨不动。“这木结怎么这么硬？”他不由自言自语。

“因为它受过伤。”在一旁的父亲答道。

“受过伤？”小A不明白父亲话里的含义。

“这些木结都曾是树受过伤的部位，结疤之后，它们往往会变得极硬。”顿了顿，父亲又说，“人也一样，只有受过伤之后，才会变得坚强起来。”

父亲的话让小A心头一亮。是啊，人生正是因为有了伤痛，才会变得成熟起来；人生正是因为经历了苦难，才会变得坚强起来。

第二天，小A放下刨子，回到学校参加了补习，去迎接人生的又一次挑战。他已经懂得，挫折可以为自己练就一双坚强的翅膀。

生活是可以好好珍惜的。当你置身痛苦的时候，只要坚定信心，勇敢前进，你就会发现痛苦对于你的一生来说，会是宝贵的钻石！

痛苦的滋味固然难以承受，但我们只要勇敢地面对，并坦然接受，就能使自己的意志愈加坚强，生活积累愈加丰厚。

凯瑟没有孩子，她养大了自己的侄子。后来，侄子参军了，走上了战场，她日夜盼望他平安归来。可是，就在美国庆祝陆军在北非获胜的那一天，她接到一封电报，她最喜爱的侄儿在战场上失踪了。她晕了过去，好心的邻居把她送到了医院。醒来之后，她安慰自己说，他肯定还活着，否则就会发现他的尸首了。这样，她又有了希望。

但不久之后的一天，她接到一封电报，写着她的侄子已经牺牲了。她彻底崩溃了，悲伤得死去活来。本来以为战争结束后，他们就可以幸福地过平静的日子了，没想到会是这样的结果。她的整个世界都崩塌了，侄子就是她的全部，她觉得再也没有活下去的意义了。

从此，凯瑟开始忽视她的工作和朋友，变得冷漠。她总是沉浸在以前的幸福生活里，并对现在的事实痛恨不已，她没有办法接受这个事实。悲伤过度的凯瑟决定放弃工作，离开家乡，去一个遥远的地方。

就在她整理东西、准备离开的时候，她看到一封几年前她的母亲去世时，侄儿写给她的信：“当然我们都会想念她的，尤其是你。不过我知道你会撑过去的，以你个人对人生的看法，就能让你撑得过去。我永远也不会忘记你教我的那些美丽的真理，不论活在哪里，哪怕我们分离，相距遥远，我永远都会记得你教我要微笑，要像一个男子汉，承受一切发生的事情。”

凯瑟忽然觉得自己应该好好地活下去，她现在这个样子一定是侄儿不愿意看到的。她在心底默默地对侄儿发誓：“你安息吧，我能承受一切发生的事情。”

第二天，凯瑟在侄儿去世后头一次给自己认真地化了妆，她要以全新的心态和面貌面对生活。

当我们走出痛苦的阴霾、迎来朝阳的时候，会惊喜地发现，那些曾经的痛苦已经凝成珍珠，在我们的手中熠熠生辉！

生活对我们关上一扇门，就一定会替我们打开一扇窗。拨开缠绕心头的凌乱，书写新的人生吧。

5. 花时间体验生活，而非一味地在黑暗里自怨自艾

当你遭遇生活的重创，无论心中有多痛，都要及时站起来，拍拍身上的尘埃，继续向前，而不是坐在原地，任凭悲伤涌流成河，把自己淹没。

吴雷在一次朋友聚会中讲了他的一段经历。他和妻子接连两次遭受巨大的不幸。第一次是他们视为掌上明珠的5岁女儿的死亡。一年之后，上帝重新赐给他们一个女儿，可是不到5天，这个孩子又夭折了。

他说："我睡不着觉，吃不下饭，成天精神恍惚，都快发疯了。我觉得整个身躯仿佛正被一只钳子越夹越紧，不能自拔。"

一天下午，当他正坐在那里沉浸于内心悲痛的时候，他的大儿子过来对他说："爸爸，你能替我做船吗？"他哪里还有心思做船！但儿子却缠住他不放，他只好答应了。做这个玩具他花了大约3个钟头。他从这3个钟头里第一次领略到了几个月来从未感到过的轻松。

这一发现使他大为震惊。他终于明白，摆脱痛苦的最好的方法是找事情干。干事情需要计划，需要动脑筋，自然就没有时间追忆痛苦往事了。

第二天，他便开始在家里忙活起来，从这个房间跑到那个房

间，到处寻找需要干的事，并把它们一一列上清单。他发现有数十件东西需要修理：书架、楼梯、窗台、百叶窗、门把手、锁、滴水的龙头等等。在两周的时间里，他竟然发现有242件需要他料理的事情。这两年来，清单上的大部分事情他都一一办完了。此外，他还干了许多有意义的其他工作。如今，忙碌已经代替了他的忧郁。

自怨自艾会消耗你的精力，进而把你拽入更深的痛苦之中。就像使田地上杂草减少的最好方法是种上庄稼一样，摆脱痛苦的最佳方法是认真做事，让忙碌和充实占据心灵的空间。

聋哑人、教育家海伦·凯勒说："我感谢上帝，为了我的残缺，为了克服残缺，我找到自己，以及我要做什么。"伤痛能使我们暂时无招架之力，但哭过了，日子还得过。恢复往常的日子，慢慢地，一切就平静如初了。

当我们遇到坎坷、挫折时，不悲观失望，不长吁短叹，不停滞不前，把它作为人生中的历练，看成是成长中的常态，这将有助于你更好地谱写出人生的精彩。

19世纪，英国劳埃德保险公司曾基于一艘船不可思议的经历及在保费方面的可观收益，从拍卖市场买下了它。这艘船于1894年下水，在大西洋上曾遭遇138次冰山、116次触礁、13次起火、207次被风暴扭断桅杆，然而它从来没有沉没过。

但是，让这艘船名扬天下的不是劳埃德保险公司，而是来此观光的一名律师。当时，他刚打输了一场官司，委托人自杀了。尽管他以前也有过失败的辩护，而且也不是第一次遭遇当事人因败诉而自杀的事件，但是遇到这样的事，他还是有一种负罪感。他不知道该如何去安慰那些遭受了人生不幸的人，他们有的被骗得血本无归，有的被罚得倾家荡产，有的因输了官司而落得债务缠身。他看到了这艘船，忽然想：为什么不让这些失败者们来参观这艘船呢？看看这艘遭遇了无数次磨难却永不沉没的船，也许会对他们有一些启发。他把这艘船的历史抄下来，和这艘船的照片一起挂在他的律师事务所里，每当商界的委托人请他辩护，无论输赢，他都建议他们去看看这艘船。

据英国《泰晤士报》说，截至1987年，已有1230万人次参观过这艘船，仅参观者的留言就有170多本。吸引人们观看的原因不是这艘船的辉煌历史，恰恰是它身上的累累伤痕。它告诉人们，在大海上航行的船没有不带伤的，而在生活的海洋中航行的我们，受到些伤害也是难免的。重要的是不纠缠于这些不幸、扩大伤口、直至沉沦，应该想办法摆脱过去的失败和痛楚，如此才能历尽风雨而不倒。

看了这个故事，我们应该重新审视自己的经历，从容面对曾经受过的伤害和遭受过的不幸，不再怨天尤人。

体验生活，能重新点燃起一个人的热情，唤醒他的潜力，使他逐渐对生活充满希望，慢慢乐观起来。

6. 活在当下，才能治愈记忆中的伤痛

有个叫谢子衡的老中医，93岁了，精神矍铄，思维敏捷。有人问他养生的诀窍，他回答说，人生如同大雁过河，大雁经过这条河的时候，河水里会显现大雁的影子；等到大雁飞过去后，河水里就什么都没有了，即秉持“事来则心始见，事去则心遂空”的活法。

一位女士离婚、失业，孩子又得了很严重的病。她穿着男式的汗衫、一双半新不旧的拖鞋，体重达到80公斤。在街上碰见熟人，一开口总是说：“我怎么这么倒霉呀？凭什么老天爷这么不公平，让我离婚下岗。我招谁惹谁了？”

她去砸前夫家的玻璃，把前夫的新婚妻子打了一顿；她去学校里闹，质问老师怎么把儿子教得考不了第一名……大家见了她就躲，好像她是现代版的祥林嫂。

但三年后，所有遇到她的朋友都惊讶得以为认错了人。

她身材苗条高挑，穿着时尚的裙子，还开着一辆不错的小车。

她和许久未见的高中同学约在一家茶楼坐下，微笑着说：“没想到我会变成这样吧？”

同学问：“是不是有了新爱情？”

她笑笑说：“我还是一个人过，但我懂得了一个道理：人，

不能老生活在过去，否则就全完了。三年前，我处于崩溃的边缘，以为全世界的人都对不起我，以为我是最倒霉的人，甚至认为生活不过是一堆垃圾。”

她说是那次自杀救了她。自杀被抢救过来后，她在病床上从窗口看到春天的第一枝杨柳，那抹嫩黄忽然让她泪流满面。她决定度过人生的冬天，要迎接春暖花开，一直坦然到老。出院后，她进了商店，为自己买了一件春装，却发现几乎穿不进去，镜子里是一张浮肿泛黄的脸。她才33岁啊。其实，孩子的病已经逐渐好转，生活并没有糟糕到让她放弃生命的地步啊。她闻到了路边青草散发出来的清香，闻到了面包房里传来的甜香。生活依然美好，只是她自己一直躲在过去的阴影里。

后来的三年，她开过饭店、卖过服装、做过产品宣传，体重减下去了，后来还有了自己的公司。

她说：“女人并不一定非要依靠男人。一直生活在过去的人，永远走不出伤痛。不如活在今天，自由、踏实。”

无论过去是多么美好而令人怀念，或是多么令人追悔遗憾，都没有必要一直沉沦于过去的情绪中。对过去的怀念或追悔，徒增自己的忧伤与沮丧，进而干扰对当下的正确处理。

有一位大师拿起一杯水，问徒弟：“你们认为这杯水有多重？”有的说重200克，有的说重500克。大师则说：“这杯水如果让你们拿1分钟，你们一定觉得没问题；拿1个小时，就会觉得手酸；拿1天，可能得找医生了。其实这杯水的重量是不变的，但是拿得越久，就越觉得沉重。这就像我们昨日的悲伤一样，如果我们一直放在身上，就会觉得压力越来越沉重而无法承担。”

过去已成定局，一再痴心留恋，就意味着将要错过现在的美好。

如果把每个阶段的成败得失全都扛在肩上，那今后的路就没有办法去走了。必须跟过去说再见，需要关注的是现在。

当你还在为已经不可变更的岁月而做无谓的伤心抑或感慨之时，周围的一切却悄悄地在照常进行。其实做好现在，才是做好自己，过去已经错过了，难道还要再错过现在吗？

我们现在正在做的事、待的地方和跟我们在一起的人，才是我们的当下，把注意力集中在这些人和事上面，你的生活慢慢地就会好起来。

7. 让积极的想象主宰你的生活

当你因伤痛的记忆而辗转反侧时，当你因相貌缺陷而愁闷苦恼时，是不是可以打开一扇窗，用积极向上的态度去看窗下绿绿的小草和盛开的小花，是不是可以闻得到花香？

一个小男孩天生就长有大鼻子，因为这个大鼻子，他在学校几乎成了每个同学嘲笑的对象。他觉得不自在，整天闷闷不乐，不愿和同学打交道，也不愿参加班上的集体活动，经常趴在教室的最后一扇窗户旁看风景。

他的老师玛丽亚发现了小男孩的忧郁。一次课后，她走到小男孩身边问："你在看什么呢？"

"我看见一些人正在埋葬那条可怜的小狗。"小男孩悲伤不已。

"那我们到前面的那扇窗户边去看看吧。"玛丽亚牵着小男孩的手到另外一扇窗户边问："孩子，你看到了什么？"窗外是一大片玫瑰花，开得芬芳而灿烂，小男孩的悲伤顿时一扫而光。

"孩子，你开错了窗户。"玛丽亚抚摸着小男孩的头说，"你知道吗？在老师的心目中，你的鼻子是最可爱的。"

"但大家都嘲笑我啊！"小男孩深感委屈。

"那是因为你没有换一扇窗户，把你鼻子最可爱的一面展示给大家看啊。"

恰好学校要举办一个小型的话剧演出，有个角色很适合小男孩。在玛丽亚的争取和指导下，小男孩鼓起信心和勇气参加了。演出十分成功，他的大鼻子让人们记住了这个校园里的小明星。

后来，小男孩参加美国电视节目的演出，名声大振。再后来，他进入好莱坞，成了最受欢迎的明星之一。缺陷给他打开了另一扇明亮的窗户，他无论走到哪里，他的大鼻子都人见人爱。他叫斯格特，是20世纪美国著名的滑稽明星之一。

我们会有许多痛苦的记忆，每天也会听到许多负面的语言，同事的抱怨、老板的批评、父母的责备……所有这些都会加剧我们负面情绪的滋生。很多时候，我们的命运也就在这些话语间慢慢地发生了改变。

其实，越是身陷负面信息的雾霾之中，越需要积极的心理暗示给自己指引前进的方向。眼泪无法洗去痛苦。既然悲伤的眼泪无法改变事实，那不如乐观地面对生活，努力去改变现状。

两个人跋涉在荒无人烟的沙漠中，他们感到非常疲惫，在一次风沙吹过后，随身携带的两壶水弄丢了一壶。在短暂的休息时，一个人说：“完了，我们只剩下一壶水，怎么能走出缺水的沙漠？”

另一个人说：“还不错，我们还有一壶水，足够我们到达目的地。”

一壶水，他们走几公里喝一口，不久就喝完了。

那个感叹缺水的终于撑不住，倒下了；而另一个人，又坚持走了一天，终于走出了沙漠。

面对不如意的生活，一种态度是积极地改变，一种态度是消极地叹息。用积极的心态去改变不如意的生活，那么生活就可能变得如意起来；只是一味地叹息，那么再如意的生活也会慢慢地变得不如意。

乐观地看事情，辩证地看生活，是人生的大境界，生活因此会充满希望。

8. “我决定微笑。”

对于创伤，与其抱着不放，不如微笑着面对。过好平常的小日子，自己会慢慢感受到点点滴滴的幸福，时间久了，心就不再疼痛。生活中是辛酸多还是幸福多，不在于你的财富、地位如何，而在于你的内心，心在微笑了，看一切都是幸福的。

汶川地震中，什邡市红白中心小学四年级学生唐沁左脚粉碎性骨折。面对镜头，10岁的小唐沁清秀的脸上却挂着甜美的微笑。那张在地震中抓拍的照片，被无数网友转发，被数百个网站转载，人们无不被她清甜的微笑所感动，她的微笑被誉为“地震中最美的微笑”。

地震到来的时候，唐沁正在与同学们排练六一儿童节的舞蹈。突然，教学楼剧烈地摇晃起来，师生们争相往教室外冲。当唐沁跑到3楼楼梯口时，教学楼坍塌下来，她被预制板砸中左腿，倒在两块预制板缝隙间动弹不得。此时，唐沁没有哭，她试图搬开压在腿上的预制板，可是一股钻心的疼痛随即传来。

唐沁的爷爷赶到红白中心小学，找到了被压在预制板缝隙里的孙女，把她抱到了操场上。随后，唐沁的妈妈也赶到了学校，看着满身血污和尘土的女儿，禁不住号啕大哭。尽管唐沁的左腿钻心地疼，她却反过来安慰妈妈说：“妈妈不要哭，我没有什么事情。”

在广汉市第四人民医院，医生为唐沁的左腿做了钢板螺钉固定手术。主治医生说，唐沁的左腿上部粉碎性骨折，这种骨折非常疼痛，大人都难以忍受。手术进行了3个小时，唐沁的左大腿安了15厘米长的钢板、8颗钢钉，缝了24针，但小唐沁没喊一声疼，也没流一滴眼泪。

面对死神微笑的不只有唐沁，汶川地震中，绵竹市汉旺镇东汽中学高二学生曹健强被挖出教学楼废墟时，距离他掩埋其中，已经将近76个小时了。就在这个时候，奇迹出现了：躺在担架上的曹健强冲着救援队和围观的人群，面带笑容，挥了挥手。他的微笑温暖了在场的所有人。

面临死神的人尚能保持灿烂的微笑，难道我们不能吗？幸福的诠释是微笑，快乐的意义是微笑，温暖的真谛是微笑，挫折的伙伴是微笑，坚强的象征仍然是微笑！

国外有个研究所曾对毕业照进行了专门的研究，收集了5000张初中和高中全班同学的毕业合影，从中确定了5万多个研究对象，经过长达41年的跟踪调查，结果发现：从总体上看，那些面带善意的微笑和自信的笑脸的学生，中年以后的事业成功率以及生活的幸福程度，都远远高于那些面部表情不好、郁郁寡欢的人。

笑容能照亮所有看到它的人，像穿过乌云的太阳，带给人温暖。如果你不喜欢微笑，那可以找个合适的时间和空间，强迫自己吹口哨，或哼上一曲，表现得很快乐，这样就很容易使自己真正快乐起来。

既使在困境中也不要放弃，保持微笑，相信一切都会变好！

舒展自己紧锁的眉头，不管是怎样的过去，都让它过去吧。接受人生中的不美好，勇敢地、坦然地微笑着，满怀信心地向着未来前进。

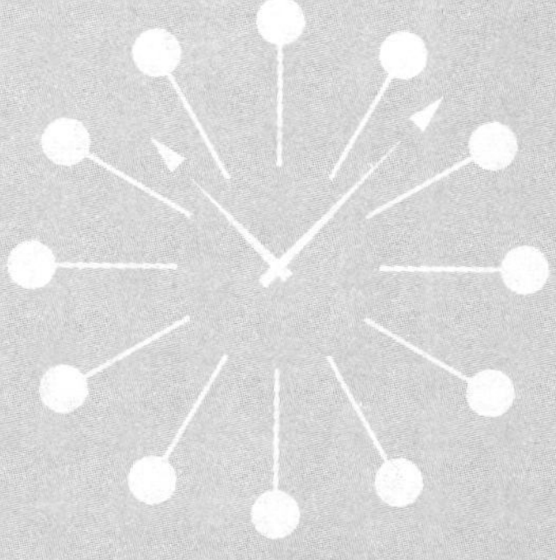

It's Never Too Late

第11章

出发，永远都不晚

1. 少年得志令人羡慕，大器晚成令人钦佩
2. 三十立不起来，晚一点也没关系
3. 不怕一无所有，就怕不敢尝试
4. 沉住气，怀才待“遇”
5. 追梦，从来都不晚
6. 改变自己，什么时候都不晚
7. 无论多老，你都可以开始做自己喜欢的事
8. 现在，圈定你的目标并设定期限

1. 少年得志令人羡慕，大器晚成令人钦佩

无论是苏轼的“博观而约取，厚积而薄发”，还是孟子的“故天将降大任于斯人也，必先苦其心志，劳其筋骨，饿其体肤，空乏其身，行拂乱其所为，所以动心忍性，曾益其所不能”，都是说人才需要长时间的磨练才能成大器。

秦二世元年，刘邦在沛县聚众响应陈胜、吴广起义，登高一呼，天下英雄云集于麾下，人称“沛公”。此时的刘邦已是47岁的“高龄”了。刘邦的“革命事业”进展得非常迅猛，仅用3年时间便进抵霸上。秦王子婴投降，秦灭亡。入关后，刘邦废秦苛法，与关中父老约法三章：“杀人者死，伤人及盗抵罪。”受到人民的欢迎。

项羽击溃秦军主力后，刘邦听从张良的意见，亲至鸿门，卑辞言好。项羽封刘邦为汉王，统治巴蜀及汉中一带。后刘邦不甘心胜利果实被项羽独占，率军东进，发动了长达4年的楚汉战争。汉王五年冬，刘邦约韩信、彭越等人率军尽围楚军于垓下。项羽率部突围，至乌江自刎。当年二月，刘邦（55岁）即帝位，初建

都洛阳，不久迁至长安，史称西汉。

刘邦仅用8年时间就完成了“从亭长到皇帝”的跳跃。

登基后，刘邦采取休养生息政策，不仅安抚了人民、凝聚了中华民族，也奠定了汉代雍容大度的文化基础。

少年得志固然让人羡慕，而大器晚成则更令人钦佩。因为前者有不少天赋和机遇的成分，后者则多是靠个人的后天努力和毅力。

一旦少年得志则不思进取，那也可能如流星一样只能闪耀一时，不会光芒永驻。最有代表性的例子是南朝江淹，他小小年龄就声名远扬，却因恃才傲物阻碍了自己成才。现代这样的例子也不少，有些人几岁就写诗，十几岁出书，一时间风光无限，但若干年后则销声匿迹。

大器晚成与少年得志都是成功，只是同为成功，所经受考验的时间却长短不一，要想长久地成功，唯一的办法就是需要继续不断地学习进步。

有些人刚过40岁甚至是30多岁就不再冲刺，将自己年轻时没有实现的梦想强逼子女去实现。这样即使是有朝一日得到了施展才能的机会，恐怕也将因才疏学浅而无法胜任。“天道酬勤”是对大器晚成的最好的注解。

三国时，袁绍身边有一位门客，名叫崔琰。他从小喜习武艺，到了23岁才开始读《论语》《韩诗》等，求师学习。

他刻苦努力，学问逐渐多起来。当时，袁绍的士兵非常残暴，掘开坟墓将尸骨暴露出来。崔琰劝说袁绍不要这样做，袁绍认为他说得对，封他为骑都尉。后来，崔琰跟随曹操，为曹操出了不少主意。

崔琰做尚书时，曹操想立曹植为嗣子，他反对，说："自古以来，规矩都是立长子，怎么能立曹植呢？"曹植是崔琰的侄女婿，尽管是亲属他也不偏袒，曹操十分佩服他的公正。

崔琰有个堂弟叫崔林，年轻时既无成就也无名望，亲戚朋友都看不起他，可是崔琰却很器重他。崔琰常对人说："才能大的人需要长时间才能成器，崔林将来一定会成大器。"后来，崔林果然当上了冀州主簿、御史中丞，还在魏文帝曹丕手下任过司空。

在当今这个讲求效率的时代，街上随处可见有"速成""立即见效"字样的宣传招牌，社会上也充斥着宣称可以教人们快速从谷底翻身的成功之道。这样的"成功"往往来得快，去得也快。

人生不是百米冲刺，更像是马拉松，是耐力与韧性的考验。慢一点、晚一点都没有关系，水到渠成、水滴石穿才是合情顺理。

特福再次对市场进行精确调研，还是觉得卖雪糕才是最好的生意。又过了一年，斯特福终于说服了自己的父亲，准备打造雪糕连锁店。此时，法兰克的雪糕店已经遍布全美了。

每天，我们身边都围绕着很多机会，如果因为害怕失败而停止脚步，机会就会悄悄溜走。或许你因为害怕被拒绝而不敢跟人们接触，因为害怕被嘲笑而不敢跟人们沟通，因为害怕失落而不敢对别人兑现承诺……止步于尝试，结果只能一无所获。

再周全的计划，再伟大的梦想，如果不尝试去做，一切都是空。不要瞻前顾后、患得患失，一旦决定了就大胆去做，这样才会体会到拼搏的乐趣。

有两个追求幸福的穷苦青年，经过艰难的跋涉，终于在很远的地方，找到了幸福使者。使者见他们都有一颗善良的心，便给了他们每人一颗幸福的种子。

一个青年回去后，将种子撒在土地里。不久，土地里就长出了一棵树苗。他每天辛勤地浇灌，第二年，树枝繁叶茂，果实挂上了枝头。他继续努力，渐渐地拥有了大片的果园。他娶了妻子，有了儿子，过上了幸福生活。

另一个青年回去后，设了一个神坛，将幸福的种子供在上面，每天虔诚祈祷。他把头发都熬白了，却仍然一贫如洗。

他十分生气不解，又跋山涉水来到幸福使者面前，抱怨使者骗他。幸福使者笑而不答，只让他到另一位青年那里去看看。当他看到大片的果园时，顿时醒悟，急忙回去将自己那颗种子埋在土里，但种子已被虫蚀空，发不出芽了。

由于没有勇气尝试而无法获得成功的事情又何止这一件。

有了奋斗的目标，智者会采取积极的行动去实现它，而愚者因为害怕失败，往往反复斟酌，力争达到万无一失，但是每个计划都会被他自己推翻。因此，愚者纵然设立了很多目标，但却没有一个得以实现，这些目标只存在于愚者的幻想之中。

不要担心失败，应当积极去尝试。只有做了，你才能真正懂得它意味着什么，敢于尝试是开启成功大门的金钥匙。

4. 沉住气，怀才待“遇”

“沉住气，成大器。”面对世间百态，我们要压住自己内心的急躁，静静地等待时机。即使才华盖世，也得稍等片刻，等待舞台上的幕布徐徐拉开。

盛大网络创始人陈天桥曾经有过一段非常难熬的经历。

1993年，陈天桥以优异的成绩提前从复旦毕业。当时的陈天桥满怀抱负，进入陆家嘴集团总裁办工作。可没想到他的主要工作就是每天在一个小房间里放映介绍集团情况的录像片，而这一放，就是10个月。

当时陈天桥根本不知道自己这个高材生要在如此境地待多久，没人理会他，简单的放映工作根本施展不了他的才智和抱负，他第一次感受到了人生巨大的落差。这时的陈天桥年仅20岁，他第一次感受到了寂寞的滋味。

陈天桥心想，自己是堂堂的复旦毕业生，还是一名跳级生，又是全市优秀学生干部，到这里居然干这个，感觉很不是滋味。陈天桥犹豫了很长时间，最后还是决定留下来。

他后来说："我认识到，无论有怎样的抱负，首先是要社会接受你，而不是要求社会来适应你，这在当时是一个很大的收获。"

等待了10个月之后，机遇终于来了。集团下属的一家企业有个干部要去挂职锻炼，集团选定陈天桥担任那家有200多人的企业的副总经理。陈天桥回忆说，如果那样的日子再延长10个月，他可能就坚持不下去了，而今天的人生道路也就会是另外一副样子。陈天桥后来直接晋升为集团董事长兼总裁的秘书。从此，开始了他的非凡人生。

有些人一走进社会，就幻想一下子扑腾出一个光辉的未来，结果连一个浪花都没拍出来，自己反倒呛个半死。于是，这些人便开始着急起来，他们想不通为什么不能成功，也不能忍受自己"被埋没"的境地，觉得自己的才能足以做更多的事情，觉得自己特别失败，或者觉得别人在跟自己作对，开始用极端的方法来对待事业。

急功近利只会让我们距离成功越来越远。有些人四处毛遂自荐，说自己的能力如何如何，但是当他们获得机会的时候，却根本驾驭不了，这会让人觉得他是自大轻浮的人，再也得不到重用。

“活着，就是为了改变世界”是苹果公司原总裁史蒂夫·乔布斯的人生信念，他凭着iPhone、iPad等产品的畅销实现了自己“改变世界”的梦想。但正是这样一位影响全球的天才，也曾陷入长达11年的人生逆境。在这段人生逆境中，他遭遇了三次重大的挫折，这三次挫折堪称乔布斯的人生转折点，给乔布斯带来了极大的影响。

1985年，乔布斯因决策失误而被苹果公司董事会赶出自己创立的公司，接着因开发NeXT电脑没有销量而被人嘲笑，后来又因对皮克斯公司定位不准而成为市场的笑料。有人在报纸上嘲笑乔布斯：你已经过气了。乔布斯沉住气，并不去反驳一句。经过多年的奋斗，他终于使皮克斯的电脑动画大获成功，最终以丰厚的资产与超人的智慧回归苹果公司，全球IT界都为之叹服。随后，乔布斯引领苹果实现了“改变世界”的理想。

《孟子》里写道：“舜发于畎亩之中，傅说举于版筑之间，胶鬲举于鱼盐之中，管夷吾举于士，孙叔敖举于海，百里奚举于市。”这几位后来功成名就的人物在年轻的时候甚至中老年时都还默默无闻，在干着“卑贱”的活计，但是他们没有一个人跑出来大嚷“我很有才华，我能治理国家”等话语，在长久的岁月里，他们唯一做的就是坚持再坚持。

是金子终究要发光的。只要你是一块货真价实的金子，就不怕泥土的埋没，不怕岁月的遮挡，总会有识货人把你发掘出来并重用你。所以，在我们的才华不足以撑起野心的时候，在我们梦想做大事而默默无闻的时候，我们应该静下心来读书或做好某项“初级”的工作，从中学知识、学技术，积累经验，充实自己。我们准备得越充分，机会来临时我们就能抓得越牢固，从而披荆斩棘，大展身手。

5. 追梦，从来都不晚

人的一生，错过一时并不意味着错过一世，毕竟，错过了太阳还有月亮，错过了春花还有秋月。在追随梦想的道路上，何时起步都不晚；只要你愿意，现在就是出发点。

兰帕德这一辈子最大的愿望就是当一名作家。从小学到大学，兰帕德的作文一直是全班最好的。兰帕德相信，只要他努力，30岁前他就可以成为全国知名的作家。

遗憾的是，兰帕德后来迷上了买彩票，一天到晚对着一大堆数字研究来研究去，最终把写作给耽误了。

兰帕德52岁的一天，他的一个中学同学前来看他，并把自己写的第13本书送给了他。接过书的那一刻，兰帕德懊悔极了，他痛恨自己没有下功夫去写作。

一瞬间，他决心重新提起笔，去实现自己昔日的梦想。可转念一想，自己的年龄大了，身体又不好，还能写出什么来呢？于是，他又一次放弃了自己的作家梦。

65岁那年，兰帕德得了重病，生命垂危。他再一次想起了自己的作家梦，深深后悔52岁那年没有重新开始写作，否则，13年下来，他一定可以写出许多作品了。眼看着到了65岁，生命留给他的时间还能有多少呢？叹息着，他又一次藏起自己的梦想。

73岁那年，兰帕德的老同学再次给他送来一本自己刚出版的书。想起自己的作家梦，兰帕德再度懊悔不已。可一个70多岁的老人，离死亡还有多远呢？自责中，兰帕德继续重复以往的生活。

84岁那年，兰帕德再次病重，他为自己不曾写下任何作品而深感痛苦。在牧师霍华德的鼓励下，兰帕德终于提起了笔，开始写作。接下来的3个月里，他不停地写啊写，直到去世。去世时，他的第一本书，完成了一半。

兰帕德的一生是可悲的一生．他空怀梦想，一任自己在懊悔与叹息中蹉跎岁月。值得庆幸的是，在生命的最后一刻，他终于觉醒了，开始竭尽全力地去实现自己的梦想。尽管他的第一本书只写了一半，但当他离开人世的时候，他心中的遗憾肯定已减轻了许多。

来到世上的每个人，都拥有着独属于自己的梦想；不幸的是，并非每个人都能将自己的梦想变成现实。生活的压力、琐事的纠缠、名利的吸引、灯红酒绿的诱惑都会使一颗心偏离原来的航道，迷失在尘世里。梦醒时分，也有人想要为梦想而奋斗，可一想到自己已不再年轻，那份斗志便很快泯灭了，任凭自己在平庸的生活中随波逐流。而因为年龄较大就彻底放弃自己的梦想，实在是人生的悲哀。

胡达·克鲁斯70岁时迷上了登山，后来登上了不少名山；95岁时，她登上了日本的富士山，成了登上富士山的年龄最长者。

摩西奶奶是美国弗吉尼亚州的一位农妇，76岁因关节炎放弃农活，开始画画；80岁，到纽约举办画展，引起轰动。她活了101岁，一生留下绘画作品1600余幅，在生命的最后一年还画了40多幅画……

心怡35岁了，已经是一个5岁孩子的妈妈，突然对英文产生了兴趣，英文书买回一书架，还报了口语班。问她干嘛呢？她答：“只想听懂那些优美的英文歌曲。”

大家都以为她只是做做样子，想不到4年过去，她不仅可以听得懂英文歌曲，读得懂厚厚的英文书，还能说一口标准的英语。

现在她因此升了职，原因是公司常有涉外生意，她敏捷的思维加上流利的口语，正好发挥了作用。

她说：“学了4年，却享用后半生，多值！”

我们不住地回头看过去的一切，感叹着时间流逝、青春不在，其实无论何时重拾年轻时的梦想，只要坚持不懈去做，依旧可以取得不俗的成绩。

6. 改变自己，什么时候都不晚

人到中年想换一种生活方式，却担心自己不能适应，觉得已经太晚了。有一句话叫作“好饭不怕晚”，只要用心烹调生活这道美食，任何时候开始都不算晚。

从学校毕业后，她回到了家乡黑龙江，在省人民广播电台工作。因为经历过上山下乡的知青生活，她的文化底子薄，于是她报考了母校的研究生，可连续两次都名落孙山。当时她已经29岁了，不想再折腾了，但就这样放弃，她又有些不甘。那段时间，她一直闷闷不乐。她的母亲是个知识女性，对她说："人的命运掌握在自己手里，真想改变自己，什么时候都不晚。"

30岁时，她拿到录取通知书。

3年后，她留校任教了。一个女人在大学里当老师，工作既体面又轻松，收入也不错，而且有很多时间可以照顾家庭，很多人都羡慕她，而她觉得自己是学新闻的，更应该到一线去做更有挑战性的工作。

33岁那年，她幸运地被中央电视台录用了，成为一名主持人。当时来自亲友们的阻力很大，他们说她头脑发热，都30多岁的人了，还瞎折腾什么。

中央电视台竞争很激烈，她虚心地向比她年轻的同事们学习，经常在办公室加班到深夜。渐渐地，她在中央电视台有了一席之地，还以自己的名字开辟了"一丹话题"这个专栏。

40岁，她看到镜子里自己眼角细密的皱纹，突然有一种深深的危机感和失落感。

她把自己的困惑和烦恼向母亲倾诉了，母亲说："丹啊，你不觉得这十几年来，你是越来越美丽了吗？每个人都不可避免会变老，有的人只是变得老而无用，可是有的人却会变得有智慧有魅力，这种改变，不是最好的么？"那一刻，她迷茫混沌的心豁然开朗，虽然青春和美丽渐渐远去，但可以靠自己的智慧、学识、修养和内在的气质赢得观众的喜爱。年龄对一个人来说，可以是一种负担，也可以是一种财富。她的心态平和了，工作热情又重新有了。

她是敬一丹，“一丹话题”是全国第一个以主持人的名字命名的节目。

无论是学习新事物还是改掉坏毛病，都是让自己变得更美更好的过程。过分在意能不能学会或能不能改掉，只是庸人自扰式的担心罢了。没有学，怎么知道学不会？没有改，怎么知道改不了？学了，没学会，是不是方法没找对？改了，又犯了，是不是没毅力？我们可以一直为成功找理由，而不是一味给失败找借口。

一位74岁的老太太欧内斯廷·谢帕德再次刷新了由她自己创造的吉尼斯世界纪录。

欧内斯廷是巴尔的摩一所学校的退休管理员，56岁时，她开始接受健美方面的训练。对于自己18年前的华丽变身，欧内斯廷至今记忆犹新。当时，欧内斯廷整天窝在沙发里看电视，从不进行锻炼。后来，妹妹患病去世，为履行两人成为健美比赛运动员的承诺，欧内斯廷决定接受前世界先生尚姆布格的严格训练，开始自己迟到的健身人生。

如今的欧内斯廷，就像一台发电机一样精力充沛。她的体重保持在130磅上下，能举起150磅的重物，参加过9场马拉松赛，还曾经在2008年打败众多年轻女性，赢得了健美比赛的冠军。

欧内斯廷严格控制自己的饮食，有一套专门设计的健康食谱。她每日摄入1700卡的食物，包括蔬菜、鸡肉和糙米饭等。欧内斯廷认为，正是良好的饮食习惯帮她战胜了抑郁、高血压、惊恐以及反酸等在50多岁时反复折磨她的病。“我现在感觉比20年前还要年轻，”她说，“年龄对我而言只是个数字。”

凭借完美的肌肉和顽强拼搏的精神，欧内斯廷被很多美国人视为心中的偶像。

欧内斯廷现在从事私人教练工作，非常活跃地游走于世界各地进行演讲。“如果你想帮助别人改变的话，那你必须首先扮演好自己的角色。”欧内斯廷说。这个有着完美肌肉和灿烂笑容的老太太用自己的人生态度告诉所有人：改变自己永远不晚，你需要的只是坚定的意志和阳光的心态。

晚一点改变也没有关系，活着就是为了变得更好，改变一点就会变得好一点，何必纠结于改变的早晚呢？

7. 无论多老，你都可以开始做自己喜欢的事

想想自己是不是曾经打算约上几个老伙计去鱼塘钓鱼，却还没有行动？是不是想去练习瑜伽，却拖到现在还没有去？是不是自己设想的创业项目，迟迟没有开始运作？把心放飞吧，喜欢的

事就去做，忘记自己今年多大了。

有位叫莱伯曼的老人74岁退休后，6年里经常去一所老人俱乐部下棋，消磨晚年时光。一天，他又去下棋时，女办事员告诉他，他往常那位棋友因身体不适，不能前来陪他下棋了。

看到老人一副失望的样子，热情的办事员建议他到画室去转一圈，还可以试画几下。老人听了哈哈大笑："你说什么，让我作画？我从来没有摸过画笔。""那不要紧，试试看嘛！说不定您会觉得很有意思呢！"在女办事员的坚持下，莱伯曼来到了画室。

那一年，老人80岁，第一次摆弄起画笔和颜料。回忆起这件事，老人感慨地说："这位女办事员给了我很大的鼓舞，从那以后，我每天去画室。她使我又找到了生活的乐趣。退休后的6年，是我一生中最忧郁的时光，没有什么比一个人只是等着走向坟墓更为烦恼的事了。从事一项活动，就会感到又开始了新的生活。"

提起画笔后，他不因年岁已高而把绘画当作一项单纯的消遣活动，他全身心地投入，进步很快。81岁那年，老人参加了一所学校专为老年人开办的10周补习课，第一次学习绘画知识。第三周课程结束时，老人对任课教师、画家拉里·理弗斯抱怨说："您给每个人讲这讲那，对我却只字不说。这是为什么？"理弗斯回答说："先生，因为您所做的一切，连我自己都做不到，我怎敢妄加指点呢！”最后，他还出钱买下了老人的一幅作品。

从此，他更加发奋了，对绘画倾注全部的热情。4年后，老人的作品先后被一些著名收藏家购买，并被收进不少博物馆。美国艺术史学家斯蒂芬·朗斯特里评价莱伯曼是“带着原始眼光的夏加尔”。

1977年，老人101岁了。这年的11月，洛杉矶一家颇有名望的艺术品陈列馆为他举办了个人作品展览，题为“哈里·莱伯曼101岁画展”。

美国老太太苏亚雷斯在94岁高龄的时候，终于实现了她年轻时的梦想——拿到大学文凭，成为全球第二高龄的大学毕业生。毕业典礼上，苏亚雷斯兴奋地告诉记者：“我太高兴了，因为我始终没有放弃梦想。”苏亚雷斯的行动告诉我们：不论什么时候，只要你下定决心去做，就永远不算晚。

与其后悔过去，害怕来日，犹豫今日，不如迈出脚下的步子，走向心之所向。

金雅琴84岁，成为第十四届中国电影金鸡奖最佳女主角；半月之后在东京的国际电影节上，她再获殊荣，仍然是最佳女主角。

当记者去采访她的时候，她笑言：“演了《我们俩》才知道怎么演戏，也许我真正的演员生涯80岁以后才开始。”

采访她的记者笑了，老人的这种心态是多么美妙啊！周围的人总是说自己老了，学东西太晚了，什么都记不住了，哪有她的豁达？

金雅琴是位老演员，演了一辈子戏，却没让人记住名字。

84岁时，她在《我们俩》中扮演一位刁钻古怪的老太太，把房子租给一个年轻的女孩子。她和女孩子由开始的敌视变成祖孙般的亲情，非常感人，让人几次落泪。金雅琴拍这个戏很难，耳朵听不到，眼睛也看不清，甚至什么时候开拍她也不知道，于是她就让导演举一面小红旗，红旗一落下就开始演——片子一点点地拍出来了，老人的敬业精神感动了所有人。

这部戏之后，她才被人熟知欣赏。她说，自己的正式演员生涯是从80岁才开始的。

任何时候都可以开始做自己想做的事，不要用年龄和其他东西束缚自己。人生即使规划好了，也总是会遇到意外，与其强求在某时某地达到某个目标，不如顺其自然。

人生无论是少年、青年，还是壮年、暮年，每个年龄段自有它的美丽和迷人之处，确定一个奋斗目标并着手去做，永远也不算晚。

8. 现在，圈定你的目标并设定期限

你有什么想做却还没有做呢？不妨给自己设定可以达成而且有期限的目标，拟订详细的计划，然后采取行动。此外，也可以找几个成功者来帮助你，学习他们的经验，不管目标是什么，只要去做，就会距成功近一点。

有一个非常著名的关于目标对人生影响的跟踪调查。这个调查长达25年，调查的对象是一群智力、学历、环境等条件都差不多的年轻人，调查结果发现：

27%的人没有目标；

60%的人目标模糊；

10%的人有清晰但比较短期的目标；

3%的人有清晰且长期的目标。

这些人各有什么特点呢？27%的人你问他想要什么，他半天也说不清楚；60%的人你问他想要什么，他要想一会儿才告诉你，当你再补问一句到底要达到什么样的程度，他就说不清楚了；10%的人和3%的人最大的差别是前者在为短期目标而奋斗，后者在为长期目标而奋斗。25年之中，10%的人可能更换好多个目标，但3%的人一直朝着自己变化不大的目标前进，理论上要比那10%的人走得更远。

25年的跟踪研究结果显示，这些人的生活状况十分有意思。

3%的人，25年来几乎不曾更改过自己的人生目标。他们朝着同一方向不懈地努力，25年后，他们几乎都成了社会各界的顶尖成功人士，其中不乏白手创业者、行业领袖、社会精英。

10%的人，大都生活在社会的中上层。他们的共同特点是，不断达成短期目标，生活状态稳步上升，成为各行各业不可或缺的专业人士，如医生、律师、工程师、高级主管，等等。

60%的人，几乎都生活在社会的中下层，他们安稳地生活与工作，但没有特别的成绩.

27%的人，几乎都生活在社会的最底层。他们的生活过得不如意，常常失业，靠社会救济，并且常常抱怨他人，抱怨社会，抱怨世界。

有了目标，就要有个期限。没有设定期限的目标不能算是真正的目标。当设定了期限，而且把它写下来时，自己才会下意识地考虑，这个目标是否是从现在的实际出发，是否可以做得到。设定了期限，就等于给自己的潜意识下达了一条清晰的指令，会让你的潜意识焕发出无穷的力量。

设定了期限后，就会有一种紧迫感。马越骑越快，人越逼越勇。你的潜意识开始接受这条指令，并自觉执行。你的头脑开始酝酿达成目标的计划和方案，促使你快速地达成目标。

一位禅师惜字如金，也不许徒弟多言。

有一个衣衫褴褛的中年人问禅师："我这辈子能吃到大餐、穿绫罗绸缎、有金殿住吗？"

禅师语："可。"

他又问："那为什么我现在还没有吃的没有住的呢？"

禅师语："定。"

中年人疑惑了："是安定吗？"

禅师摇头。

小徒弟看路边有一棵桃树，遂摘一个熟透的桃子和一个生桃子，交给中年人。

中年人大悟。

3年后，中年人身穿绫罗绸缎来谢禅师指点。

禅师不见。

小徒弟摘一个熟透的梨子和一个生梨子，交给中年人。中年人不解。小徒弟说："3年前，师傅让您定好小目标，定好小期限，可有小成；今年是让您定大目标，定大期限，可大成。"

中年人顿悟。

世界顶尖的推销大师汤姆·霍普金斯在非常潦倒的时候，曾经求教于一位非常成功的人士。这个成功人士对他说了一句话："你必须在每一分每一秒都做最有生产力的事情。"这句话改变了他的一生，从此之后，他连续8年蝉联全美房地产第一名，28岁成为亿万富翁。

其实，我们的一生并不算短，没有实现自己的梦想，正是因为觉得时间太过充裕，有了懈怠的心理。如果给成功设定一个期限，我们便没有时间杞人忧天，也没有机会犹豫不决；如果给成功设定一个期限，我们就会有时不我待的紧迫感和责任感，就有了奋斗的理由。虽然未必一定能达到期待的结果，但毫无疑问，我们会离成功的目标越来越近。